KB161222

바디사운드

바디사운드

초판 1쇄 인쇄 2022년 1월 26일
초판 1쇄 발행 2022년 2월 3일

지은이 이윤석, 김병전
펴낸이 최익성

책임편집 김정웅
편집 이유림

마케팅 총괄 임동건
마케팅 임주성, 홍국주, 김아름, 신현아, 김다혜
마케팅 지원 안보라, 황예지, 신원기, 박주현, 김미나, 박한아
경영지원 임정혁, 이순미
펴낸곳 플랜비디자인
디자인 studio forb

출판등록 제2016-000001호
주소 경기도 화성시 첨단산업1로 27 동탄IX타워
전화 031-8050-0508
팩스 02-2179-8994
이메일 planbdesigncompany@gmail.com

ISBN 979-11-6832-006-2 03320

바디
사운드

이윤석·김병전 지음

목소리로 온전한 삶을 찾는 여정
'마인드풀 바디사운드'

Mindful Bodysound

텍스트 시대라지만, 여전히 힘이 더 센 쪽은 말입니다.
그리고 말의 힘을 좌지우지하는 건 목소리입니다.

이 책은 인생의 강력한 힘이 되어줄 '당신의 온전한 목소리'를 찾는 데
집중합니다. 온전한 목소리는 기존의 고정관념을 넘어서 잘못된 습관과
태도를 바로잡는 과정을 통해 자연스럽게 드러나게 됩니다.

지금부터 그 과정을 '마인드풀 바디사운드'라 부를 것입니다.

'마인드풀 바디사운드'를 통해 세상에 하나뿐인 당신의 목소리를
찾길 바랍니다.

99%가 아닌 100% 효과적인 발성법

이윤석

바디사운드 원장

완벽한 가수 Y에게도 필요했던 발성 훈련

우린 과정 없이 결과만 볼 때가 많습니다. 단번에 우리의 마음을 휘어잡는 가수들의 목소리에도 고단한 시간이 숨어 있는 경우가 많습니다. 가수 Y도 그랬습니다. 그는 발성 코치인 저와 만나기 전부터 노래에 관해서는 이미 완성형이었습니다. 수업 전날 회식을 했다는 그는 푸석한 얼굴로 나타났습니다. 당연히 목 상태도 좋지 않았죠. 한데 그의 노래는 몸 상태와는 달랐습니다. 소리에 아무런 문제가 발견되지 않아, 저는 꽤 당혹스러웠습니다.

그럼 대체 문제는 무엇이었을까요? 듣는 사람과 달리 가수 본인은 몇 곡의 노래를 하고 나면 목에 불편함을 종종 느낀다는 것이었습니다. 트로트 장르에는 완급 조절과 꺾기로 구성지게 넘어가는 부분이 있는데, 이를 장르 고유의 느낌대로 표현하다 보니 그렇게 된 것이 아닐까 생각되었습니다. 음악 장르를 바꾼 가수들이 종종 부딪히는 문제이기도 합니다.

다행인 건 가수 Y는 열린 마음으로 발성 훈련에 임했다는 겁니다. 문제점을 받아들이고 과감히 교정하려 애썼습니다. 발성 훈련이 4개월 가까이 진행되고 있을 무렵, 그는 〈미스터 트롯〉이란 프로그램의 오디션에 참가하기로 마음먹습니다. 제발 예선만 통과했으면 좋겠다던 Y는 노래를 통해 시청자들에게 진한 감동을 선사하며 크게 주목받았고, 오디션 최종 우승을 거머쥐었습니다.

눈치채셨나요? 네, 가수 Y는 임영웅입니다. 그렇게 열띤 경연이 끝나고도 그는 저를 계속 찾아와 자신의 소리를 개선하기 위해, 무대에서 필요한 소리를 찾기 위해 끊임없이 훈련을 받고 있습니다.

모두에게 효과적이었던 발성법

저는 발성 코치로 활동하고 있습니다. 앞서 소개한 가수 임영웅 씨 외에도 정승환, 폴킴, 벤(BEN), 황치열, 이진성 등 많은 유명 가수를 비롯해 뮤지컬 배우와 아나운서, 그 외에 '목소리 고민'을 안고 찾아오는 많은 분을 지도해 왔습니다. 그런 제게 종종 사람들이 묻습니다.

"발성법 어디서 배우셨나요?"

스승은 누구인지, 커리큘럼과 지도법의 출처는 어디인지 이런저런 질문이 이어집니다. 이에 제가 답변을 드리면 많은 분이 놀라곤 합니다. 이유는 지금의 발성을 만든 '지도법'의 모든 내용은 누군가에게 사사받거나 교육받은 내용이 아니기 때문입니다. 10년 가까이 무대에서 록 밴드를 이끌며 노래를 부르고 20년 가까이 제자를 지도했던 시간. 그 시간 동안 제 몸을 실험체 삼고 젊은 세월을 담보로 하여 수없이 어리석은 실수와 혼란 그리고 밀려오는 패배감과 열등감들 속에서 만들어 낸 결과물입니다.

고백하면 이러한 이치와 가치를 깨닫게 된 건 지도하는 과정에서였습니다. 어떠한 교수법이건 '나는 되지만 상대방이 되지 않는다'면 그것은 보편적인 방식이 아닐 겁니다. 그렇다면 나 역시도 석연치 않은 방식으로 소리를 내는 것은 아닐까? 이런 의심을 한 적도 있습니다.

무대에서 노래를 부르는 건 오로지 저의 몫이었기에 저만 잘하면 그만이었죠. 하지만 타인을 지도하려면 그들 안으로 제가 들어가야만 했습니다. 참 어려웠습니다. 모두가 다른 생각과 다른 문제들을 가지고 있었기에, 저는 저를 부수고 해체하며 그들과 같은 위치에서 같은 경험을 하려 했습니다.

10명에게 발성 교정을 지도하였을 때 10명 모두 긍정적인 효과를 나타낸다면 그것이 가장 보편적이며 자연스러운 법칙에 가까울 것입니다. 그동안 많은 음성치료와 다양한 분야 전문 가수들의 목소리를 성공적으로 교정해 왔습니다. 저는 온전한 발성법을 위해 제가 경험하고 깨달은 모든 것을 이 책에 담고자 합니다.

20년의 결과물을 한 권의 책으로

지금 제가 집필하고 있는 이 책은 전문적인 설명과 감각적인 표현은 최대한 줄이려 노력하였고, 오직 실제적인 접근과 표현 그리고 경험에서 비롯된 검증된 결과만을 담으려 노력하였습니다. 다시 말해 실용적이고 쓸모 있는 내용만 선별하여 독자님들께 안내하려 합니다.

사실 이번 집필은 3번째 도전입니다. 많은 분이 발성법에 대한 책을 출간해 달라고 이야기했고, 두 번의 집필 과정으로 시도해 보았습니다. 하지만 발성에 관한 이야기를 글로 풀어내는 것이 어려워 포기했었습니다. 게다가 그쯤 공황장애까지 찾아왔습니다.

음악을 하던 시절부터 가끔 찾아오던 공포심과 어지러움 증상이 학원을 운영하며 점차 심각해졌고 끝내는 발작으로 이어졌습니다. 그리고 발작으로 응급실에 실려 갔던 날, 제가 10년 가까이 공황 증상을 겪고 있단 걸 알게 되었습니다. 그렇게 쓰러지고 난 후, 매일 정신과 약을 먹고 체중은 10kg 가까이 불어났습니다. 게다가 약을 먹어도 새벽이면 찾아오는 공황장애 증상으로 너무도 괴로웠습니다.

"왜 하필 나에게… 어디서부터 잘못된 걸까…."

자책하며 자신을 불행 안에 가둬두고 있던 그때, 명상 애플리케이션 제작을 위해 발성 훈련을 신청한 분이 계셨습니다. 바로 발성과 명상에 다리를 놓아주신 이 책의 공동저자 김병전 대표입니다. 김 대표의 발성 훈련은 생각보다 빠르게 개선되어 성공적으로 녹음을 마치게 되었습니다. 어느 날 김 대표는 사실 어떤 분의 소개를 받아 이곳에 오게 되었다고 하였습니다. 현재 카이스트 명상과학 연구소 김완두 소장님이었습니다. 그분께서 저의 온라인 강의를 보시고 예전부터 관심을 갖고 계셨다고 하였습니다. 그 이유는 저의 발성 지도 원리가 명상적이라는 것이었죠. 저는 소장님을 직접 뵙게 되었고 발성을 지도해드리게 되었습니다. 그러면서 저의 발성 원리가 어떤 부분에서 명상과 유사한지를 여쭙고 명상에 대해 조금씩 알아가게 되었으며, 소장님께서 저의 신경성 질환을 들으시곤 당신께서 개발하신 '하트스마일명상https://www.heartsmile.org'을 제게 지도해주셨죠.

지금 생각해 보면 공황장애는 저에겐 하늘이 준 기회였고 선물이었습니다. 어느 순간 저 자신을 치유하기 위한 명상이 제 삶 속에서 자연스럽게 비추고 있었고, 제가 지도하는 발성 커리큘럼에도 변화가 나타나게 되었습니다.

그렇게 신경성 질환을 겪고 명상을 경험하며, 다시 책 출간을 권유받아 5년이란 시간 동안 원고를 써 내려갔습니다. 이 책엔 30여 년간의 시간을 통해 제가 깨닫고 배우고 익힌 것이 모두 담겨 있습니다. 누군가는 이 한 권의 책으로 자신의 꿈을 이루길 바라면서 말이죠.

앞으로 훈련하게 될 발성법은 '특정한 장르와 창법'을 지향하거나 지도하지 않습니다. 발성의 본질이 '소리를 내서 자신의 고유함을 알리는 것'이기에 올바른 발성 훈련의 시작이란 우리가 태어날 때부터 가지고 있던 온전한 목소리를 찾고 개선해 나가는 것이어야 합니다. 오랫동안 현역 가수들에게 지도했던 기본 과정 커리큘럼과 음성치료에 관한 개선 훈련 방법을 '그대로' 담았습니다. 이 책의 목적은 훈련을 통해 즉시 자신만의 올바른 발성이 될 수 있도록 하는 것입니다.

이 책은 처음부터 모든 내용을 읽을 필요는 없습니다. 곧바로 훈련을 하고 싶다면 3장부터 읽어보셔도 좋습니다. 동영상 QR코드를 통해 혼자서도 쉽게 따라 할 수 있도록 안내해드릴 것입니다. 목소리를 많이 사용하는 전문 가수, 뮤지컬 배우, 성우, 아나운서를 비롯해 교육자, 기업인, 취업 준비생, 일반 학생, 어린아이들에 이르기까지 솔직하게 자신을 표현하고 당당하게 상대방을 설득하는 기술이 필요한 모든 이들에게 꼭 필요한 책이 될 것입니다.

바디사운드는
단순한 발성을 넘어선 삶의 양식

김병전

마음챙김 명상 앱 '하루명상' 개발자

저는 원래 제 목소리에 콤플렉스가 많았습니다. 노래도 잘 못할 뿐더러 목소리가 선명하지 못하고 말을 할 때 웅얼웅얼거린다는 피드백을 많이 받았었습니다. 그래서 외부 강의나 컨설팅 보고를 할 때면 일부러 크고 강한 목소리로 내려고 노력을 많이 했었습니다. 좋은 목소리와 노래를 잘하는 것은 타고나는 것이라는 생각 때문에 특별히 개선하려는 노력도 하지 않았었지요. 그런데 2017년 제가 직접 녹음을 해야만 하는 일이 생기게 되었습니다.

20여 년간 국내외 주요 컨설팅 기업에서 HR컨설팅 프렉티스 리더로 근무하면서, 개인의 삶은 물론 기업 경영에 명상이 필요하다는 것을 깨닫고 명상 전문 컨설팅 기업인 무진어소시에이츠(주)를 2016년 설립을 했습니다. 기업을 대상으로 마음챙김 명상 교육 관련 솔루션을 제공하기 위한 목적이었습니다. 그중에서 가장 중요한 서비스가 명상 앱을 개발하는 것이었습니다.

당시 앱에 들어갈 콘텐츠 제작에는 어느 정도 자신이 있었습니다. 명상 체험과 공부를 통한 확신 그리고 마음챙김 기반의 다양한 명상과학 프로그램을 폭넓게 경험했었기 때문이었지요. 특히 명상 앱 제작을 위해 유명 해외 앱들을 많이 벤치마킹했는데, 그때 콘텐츠를 충분히 경쟁력 있게 만들 수 있다는 확신이 생겼습니다. 문제는 녹음이었습니다. 처음에는 성우 녹음을 검토했었습니다. 그런데 명상 콘텐츠는 명상을 지도하는 선생님이 직접 녹음하는 것이 바람직하고 더 효과적이라는 의견들이 지배적이었습니다. 실제 대부분의 해외 명상 앱들의 경우 명상 지도자가 직접 내레이션을 하는 경우가 많았고, 일부 성우가 녹음을 한 경우도 있었지만 별로 연결감을 느끼지는 못했습니다. 이러한 이유로 필자가 개발한 하루명상 앱은 저를 포함해서 모든 명상 지도자분들이 직접 녹음하는 것으로 결정했고, 저도 녹음을 해야만 하는 상황에 직면하게 된 것이지요.

제가 녹음해야 할 분량도 꽤 많았었는데, 막상 스마트폰으로 녹음을 해서 제 목소리를 들어보니 목소리 톤이나 억양 등이 너무 어색해서 발성 훈련을 해야겠다고 생각했습니다. 여러 발성 교육기관을 찾아보다가 바디사운드 이윤석 원장님을 만나게 되었습니다. 이윤석 원장님을 만나기 전 집 근처 발성 학원을 한 달 정도 다녔지만 특별한 효과는 없었습니다. 오히려 나는 어렵겠구나 생각하며 실망을 많이 하게 되었지요. 이윤석 원장님을 만나게 된 것이 제가 녹음하기 한 달 전이었기 때문에 큰 기대를 하지는 않았습니다. 촉박한 일정도 이유이기는 했지만 한번 발성 훈련을 받아 실패한 경험 때문에 기대감이 많이 없어진 것이지요.

이윤석 원장님은 처음에 굉장히 의아하게 생각했던 것으로 기억이 납니다. 바디사운드를 찾아오는 사람들 대부분이 고음으로 노래를 부르기 위한 목적으로 오는데, 명상 안내Guided Meditation를 위한 녹음이라고 하니 당연히 생소했을 것입니다. 더욱이 한 달 이후 녹음 일정이라고 하니 약간 황당한 모습도 보이셨지요. 하지만 노래가 아닌 내레이션 형태의 발성이면 충분히 가능할 것이라는 말씀이 지금도 생생히 기억이 납니다. 원장님께서 가르쳐준 방법을 매주 충실히 연습해야 한다는 조건을 말씀하시면서.

첫 번째 발성 훈련은 2017년 8월 22일 오후 4시에 있었는데, 기존에 배웠던 발성법과는 완전히 달랐습니다. 일방적으로 가르치는 것이 아니라 계속 질문을 하면서 나 자신의 경험을 알아차리는 방식이었습니다. 첫 번째 수업에서는 그리 큰 소득이 없었고 일주일 후 두 번째 수업에서 '아 나도 가능하겠구나.'라는 자신감을 갖게 되는 경험을 합니다. 한 달간의 발성 훈련 후 1차 녹음은 성공적으로 마쳤습니다. 이후 지속적인 만남을 통해 발성법에 대해 하나하나 설명을 듣고 더 심도 있게 이해할 수 있었습니다.

이윤석 원장님으로부터 발성 훈련을 받으면서 경험한 것은 다음 3가지 발견으로 요약할 수 있습니다. 첫 번째 발견은 발성기관들의 조화로움에서 나오는 나만의 목소리였습니다. 그것은 만들어진 것이 아니라 내 안에 존재했던 목소리를 자연스럽게 끄집어내는 것이었지요. 남들이 환호하는 베스트가 아닌 자신만의 '온리 원'을 찾는 것이었습니다. 즉 '온전성'의 발견이었습니다.

두 번째 발견은 자신만의 온전한 목소리는 비교하는 마음이 없어야 찾을 수 있다는 점이었습니다. 좋은 목소리 나쁜 목소리는 존재하지 않기 때문에, 다른 사람의 목소리를 흉내 내면서 따라 할 필요는 없다는 것이었습니다. 즉 자신의 진짜 목소리는 밖이 아닌 안에서 찾아야 한다는 말이었습니다. 그렇게 하기 위해서는 목소리를 내는 자신의 발성기관 하나하나를 친절하고 애정 어린 마음으로 대해야 한다고 했습니다. 이후 저는 다른 사람들 목소리와 비교하지 않는 '비판단적 태도'를 갖게 되었습니다.

세 번째 발견은 발성 연습이 너무도 쉽다는 것이었습니다. 몇 가지 간단한 방법으로 성대를 자극하고 이를 통해 명료한 목소리를 낼 수 있는 상태를 만들어 나갈 수 있었습니다. 꾸준히 연습하고 노력하는 것도 중요합니다. 지금도 외부 강의나 미팅을 하기 전에 1분 정도 발성 연습을 하고 나면 1~2시간 정도는 그 효과가 유지될 정도로 잘 활용하고 있습니다. 핵심 원리만 배우면 세수할 때 코를 만지는 것처럼 누구나 쉽게 발성 연습을 할 수 있습니다.

이 세 가지 발견은 모두 명상적인 관점 그리고 태도와 동일했습니다. 그래서 이윤석 원장님께 한국에서 개발된 대표적인 과학명상 프로그램인 하트스마일명상에 참여해 볼 것을 추천했습니다. 이후 바디사운드 발성법과 제가 하고 있는 마음챙김 명상과의 공통점과 연결성들이 하나씩 하나씩 해석될 수 있었습니다. 바디사운드는 단순히 목소리를 잘 내는 훈련이 아니라, 자신의 정체성을 발견하는 과정이었습니다. 그러한 점에서 온전한 목소리를 발견하는 것은 온전한 삶과 연결될 수 있을 것입니다.

태어나서 죽을 때까지 인간은 목소리를 사용합니다. 그러한 점에서 올바른 발성은 삶의 양식 차원으로 발전시킬 필요가 있었습니다. 그래서 이윤석 원장님께 바디사운드는 가수나 연기자와 같은 전문가뿐만 아니라 일반인들에게도 널리 알릴 필요가 있고, 이를 위해서 책을 쓰자는 제안을 하게 되었습니다. 마음챙김적 관점과 함께하는 바디사운드는 국내를 넘어서 세계 시장에서도 통용될 것으로 믿습니다. 바디사운드가 K-Voice를 이끌어가는 날을 상상하면서, 여러분 한 분 한 분이 그 여정에 같이해 볼 것을 추천드립니다.

추천사

건강하게 오래오래 좋은 소리로 노래하고 싶은 분들!
이윤석 원장님의 말씀 하나도 놓치지 마세요! 원장님 덕분에 소리 냅니다!
원장님 항상 감사드려요!

— 임영웅 가수, 미스터트롯 '진'

이윤석 원장님의 레슨도 받고 책도 함께 읽으면서 발성 변화를 느낄 때마다 들었던 생각은 내가 여태껏 발성을 너무 복잡하고 어렵게 이해하고 있었구나 하는 것이었다. 배에 힘을 줘라, 소리를 뒤로 보내듯 불러라, 소리를 띄워라 등등 발성을 배울 때 가장 혼란스러웠던 것 중 하나가 추상적인 표현들이다. 나 역시 그랬었다. 틀린 표현은 아니지만, 처음 발성을 접하는 상황에서는 이게 무슨 말이지? 하는 생각과 함께 혼란이 올 수밖에 없는 것 같다. 원장님의 수업을 듣고 나서 가장 크게 와닿았던 건 제일 자연스러운 상태에서 노래하는 것이었다. 소리를 너무 꾸며서 내려고 하지 말고 긴장되지 않은 상태에서 가장 편하게 소리 내기. 사람의 생김새는 다 다르기 때문에 내기 편한 소리, 편한 발음은 다를 수 있지만 결국 소리가 나오는 길은 다 같고, 그 길에서 어떻게 노래하느냐에 따라 그 사람의 색깔이 생기는 것 같다. 책에서도 가장 강조되는 부분이기에 가장 편한 상태에서 소리 내라는 것을 꼭 명심했으면 좋겠다. 소리는 내가 만들어 내는 게 아니라 가장 편안한 상태일 때 자연스럽게 나온다는 걸 느끼게 해준 책이며, 가장 심플하게 그 설명을 담아놓은 책인 것 같다.

목소리를 내는 직업에 종사하는 사람이라면 꼭 한번 읽어보고 더 편한 소리를 찾았으면 한다. 이 책을 읽는 모든 이들이 best가 아닌 only one의 소리를 찾길 바라며!

— 태일 가수, 그룹 블락비 멤버

처음 선생님을 뵙고 지도를 받았던 날, 제가 노래하면서 가지고 있던 발성에 대한 기능적인 고민들을 재빨리 이해하시고 알기 쉽게 차근차근 짚어 주신 것에 놀랐던 기억이 있습니다. 거듭되는 레슨을 통해 조금씩 제 소리를 찾아가는 경험을 하는 것만으로도 벅찬 시간들이었어요. 좋은 소리를 낸다는 건 가장 '나다운' 목소리를 내는 것이라고 말씀하신 선생님의 철학과 애정 어린 지도에 늘 감사드리며, 이 책을 읽는 많은 분들에게도 소중한 체험이 함께하기를 바랍니다.

— 정승환 가수

이보다 자세하고 실질적일 수 있을까?^^ 15년 이상 노래하는 직업을 가지고 살아오면서 노래를 사랑하는 마음과 그에 대한 열정(노력)이 따로 갈라서는 순간들이 항상 존재했던 것 같습니다. 그럴 때마다 좌절하기도 실망하기도 했었고요. 애써 억지로 마음과 열정을 줄일 필요는 없겠지만 정말 중요한 건 노래를 향한 진실한 태도였습니다. 한없이 겸손할수록 마음의 여유가 자신감을 줬고 빗나간 열정에 쉼을 줬던 것 같습니다^^ 이 책은 노래에 대한 마음과 열정이 나란해질 수 있도록 만드는 따뜻한 손길처럼 느껴집니다. 이 책을 노래를 사랑하시는 많은 분들께 꼭 추천드립니다. 건강하고 여유 있게 노래하는 마음. 이 책과 함께하시길 바랄게요.^^

— 최현준 가수, V.O.S 멤버

데뷔 17년 차. 그동안 많은 녹음과 무대에 지쳐 있던 저의 목소리를 따뜻하게 치료해 주셨습니다. 건강하게 오래 노래하는 법을 원장님께 배우며 가수의 길에 처음 들어섰던 순간을 떠올립니다. 건강한 목소리와 함께 초심까지 찾아주신 이윤석 원장님의 첫 출판에 응원과 공감의 박수를 보냅니다. 노래에 고민이 많으실 여러분들 일상에 이 책이 함께하기를 바랍니다. 감사합니다.

— 이진성 가수, 먼데이키즈 멤버

이 책에 실려 있는 내용은 그동안 이윤석 원장님과 레슨을 진행하며 마주했던 수많은 숙제들을 떠올리게 했다. 누구나 몸에 배어 버린 기존의 잘못된 상식과 방식을 탈피하는 과정은 매우 어렵다. 따라서 이 책을 한 번 읽고 단숨에 이해하고 체득하기란 쉽지 않을 수 있다. 하지만 다독하고 정독하며 시간을 할애하여 연습하고 이를 반복하다 보면 이 책은 분명 훌륭한 보컬 코치가 되어줄 것이다!

— 양요섭 가수, 하이라이트 멤버

목소리를 사용하는 사람들에게 도움을 줄 수 있는 내용들로 가득 차 있는 보물 같은 책이다. 젊음에 기대어 활동을 하다가 목이 예전 같지 않다는 느낌을 받고 원장님을 만나 교정을 받았는데, 나의 소리와 내 몸의 반응들에 대해 좀 더 명확하게 알 수 있었다. 이 책은 어려운 내용이 없어서 술술 읽힌다. 복잡한 이론보다는 간단한 방법을 제시함으로써 독자들에게 순수한 소리가 무엇인지 와닿게 해줄 것이다. 소리가 예전 같지 않다거나 복잡한 틀에 갇힌 훈련들로 소리가 너무 무거워져 괴로워하는 사람들이 다시금 도약할 수 있도록 조언해줄 지침서임에 틀림이 없다.

— 이벼리 가수, 팬텀싱어 시즌1 우승, 팝페라 가수 '포르테 디 콰트로' 멤버

발성이란 것은 무지개 끝에 가면 금은보화가 가득하다는 이야기처럼 그저 전설처럼 존재하는 것이라 생각했습니다. 하지만 이윤석 원장님을 만난 후로 제가 부족하고 몰라서 그랬다는 것을 알았습니다. 올바른 발성이 존재한다는 것을 확인시켜 주시고 또 그것을 노래에까지 연결할 수 있도록 도와주셨던 세심한 지도… 편하게 책이 시키는 대로, 내 마음과 몸이 가는 대로 연습하다 보면 분명 좋은 소리를 낼 수 있다. 득음까지 가는 가장 정확한 내비게이션 이윤석 원장님!

— 강준우 가수, 장미여관 멤버

매번 혼자서 해결하기 힘든 부분들을 레슨 때마다 해결해주셔서 진심으로 감사합니다. 간혹 원장님께 도움을 요청하지 못할 때, 마치 옆에 계신 것처럼 지금의 발성 책이 도와주니까 너무 좋습니다! 가수에게는 너무나도 좋은 책, 정말 감사합니다!

— 하은 가수, 라코스테남

어렸을 때부터 노래하는 것이 행복했던 나는 어느 순간부터 노래를 하는 것이 아니라, 소리를 내는 것에 집착하게 되었다. 팝 가수처럼 단단한 진

성도 내고 싶고, 소프라노의 맑은 소리도 내고 싶고, 깊은 울림이 있는 소리도 내고 싶고, 아는 것이 많아질수록 내 것을 찾기 힘들어 괴로웠다. 그때 원장님을 통해서 '아 중요한 건 하나구나, 단순하고 어렵지 않구나!'라는 것을 알게 되었다. 비우고 '나다움'을 찾아가며 발성의 건강함과 멘탈까지 채워지는 것을 느끼게 되었다. 중심을 잡지 못했던 나를 바른길로 이끌어주셨다. 이 책 또한 원장님의 가르침이 순수하게 그대로 담겨 있어서, 나 또한 계속해서 이 훈련을 이어 나갈 것이며 여느 사람들에게도 어렵지 않은 바른 길잡이가 되어줄 것이다!

— 염유리 가수, '너의 목소리가 보여' 출연

일단 말이 필요 없을 정도로 이윤석 원장님 최고십니다. 지금까지 아무것도 모르고 혼자서 노래가 좋다는 것만으로 노래를 해 왔는데, 이윤석 원장님을 뵙고 나서 문제점들을 알게 되었습니다. 효성이 인생에 있어서 첫 레슨 선생님이 이윤석 원장님이라는 것도 엄청난 복인 것 같네요. 아무리 좋은 선생님을 만나도 본인이 노력하지 않으면 발전이 없다는 것 또한 깨닫게 되었습니다. 효성이는 최고의 스승님을 만났으니, 앞으로 엄청난 노력으로 국민 여러분께 사랑받는 대한민국 최고의 트로트 가수가 되겠습니다. 이윤석 원장님, 감사드리고 사랑합니다!

— 효성 트로트 가수

이윤석 원장님의 강의는 감성과 테크닉의 공간을 넘나드는 최고의 '보물 섬'

— 한아름 팝소프라노

이 책은 목소리로 수년, 수십 년째 에너지를 쏟아내고 있는 분들께는 생명수가 될 수도 있겠다는 생각을 해 봅니다. 이윤석 원장님의 발성 강의를 통해 꾸준히 허밍 훈련을 하다 보면 무리한 연습으로, 또는 극한 컨디션 때문에 목에 결절이 오거나 변형이 되는 것을 최소한으로 줄여 줄 수 있을 것입니다. 책에서나 원장님의 강의에서나 가장 핵심인 후두 안정과 이완, 자연스러운 힘의 작용을 깨닫게 되면, 나의 몸과 목소리가 재정비되어가는 좋은 느낌을 받을뿐더러 고된 훈련의 시간이 아닌 기분 좋은 힐링의 시간으로 채워지게 될 것입니다. 추상적이기보다 좀 더 과학적이고 체계적으로 다가가기 위한 원장님의 끊임없는 연구와 노고에 큰 박수와 응원을 보내드립니다.

— 전영랑 경기민요 소리꾼

발성 레슨을 받은 후로 '왜 이제야 원장님을 만났을까? 더 빨리 만났어야 했는데….'라는 생각을 항상 하곤 합니다. 이제는 직접 레슨을 받았던 내용들을 책으로 보니 이해도 더 잘되고 정말 많은 분들에게 도움이 될 것 같아요! 이 책!! 놓쳐서 후회하지 않으셨으면 좋겠습니다! 원장님 빠이팅!

— 소희 가수 앨리스, K팝스타 준우승

노래하는 것을 즐기던 저는 이것이 직업이 되자 목 건강에 대한 걱정과 발성에 대한 고민이 깊어졌습니다. 발성에 대해 많은 정보들을 쉽게 찾아볼 수 있었지만 그래서 더 혼란스러울 때도 많았었죠. 그러다 이윤석 원장님의 강의 영상을 보게 됐고 현재 원장님의 지도를 받으며 느낀 것은 그 어떤 대단한 것이 아닌 혀와 목의 안정과 같은 자연스러움, 첫 숨과 같은 쉼의 중요성이었습니다. 결코 쉽지 않지만 한 단계 한 단계 몸으로 체험하며 알아가는 것이 얼마나 즐겁던지… 이 유익한 정보들을 이제는 책으로도 접할 수 있게 수고해주신 원장님께 진심으로 감사드리며 이 책으로 저처럼 많은 분들이 발성뿐만 아니라 마음의 힐링까지도 경험하실 수 있으실 거라 믿고 적.극.추천합니다! 본연의 아름답고 건강한 목소리를 위해 모두 응원합니다! 화이팅!!

— 강은아 가수, 유튜버

발성에도 철학이 있다. 자연스러움을 거스르지 않고 인위적인 것을 걷어내는 '무위자연'이 바로 이 책의 핵심이다. 작가의 발성 역사에 대한 무한한 경의를 표한다. 우리가 그토록 찾아 헤매는 '그것'이 사실은 우리 본연의 모습 안에 있으며 잘못된 습관을 걷어내 자연스러운 원래의 상태로 돌리는 것만으로 가능하다는 말은 수많은 발성법들에 지쳐 있던 나에게 힐링이 되었다. 책에는 작가가 보컬리스트로서의 꿈을 키우던 십 대 시절부터 가졌던 그의 발성 철학이 담겨 있다. 단순한 방법론을 전하는 것이 아니라 그가 인생에서 깨달은 모든 것을 쏟아부은 것이 느껴졌다. 전문적인 화성학 설명이 나와 어렵다고 느낄 때쯤 등장하는 그림과 시범 영상은 지루할 틈을 앗아가기에 충분했고 독자들을 충분히 배려하는 위트 있는 작가의 말솜씨도 마치 실제로 듣고 있는 것 같은 착각이 들게 한다.

— 김오륜 가수 지상여합(중국)

목소리뿐만 아니라 마음까지 치료가 되는 마법의 책이네요.

— 신기남 가수, 교수

많은 스케줄로 목이 상했을 때 이윤석 원장님의 레슨을 통해 그동안 정확하게 인지하지 못하고 있던 호흡과 소리의 기본 원리를 알게 되었어요. 그로 인해 훨씬 부드럽고 자연스럽고 자유로운 소리를 얻을 수 있었습니다. 이윤석 원장님의 노하우가 모두 다 담겨 있는 이 책은 정말 강력 추천합니다!!!

— 강필석 뮤지컬 배우

뮤지컬 공연을 하는 배우에게 말하듯이 노래하는 게 얼마나 중요한지 모릅니다. 현장에서 활동하는 배우들이 늘 고민하는 부분이죠. 원장님과 레슨을 하면서 제가 얼마나 힘겹게 노래하고 있었는지 첫 시간에 깨달았습니다. 노래에 정답은 없겠죠. 하지만 편하게 노래하는 것에는 정답이 있습니다. 저도 원장님과 늘 훈련하는 부분이죠. 이 책이 여러분들의 훈련에 많은 도움이 되길 바랍니다. 이윤석 원장님의 성공적인 출판을 축하드립니다!^^

— 윤소호 뮤지컬 배우

배우를 하면서 발성에 대한 정신병에 걸릴 때가 많다. 이윤석 원장님이 일깨워 주시는 발성은 건강한 발성의 단단한 길이다!

— 박영수 뮤지컬 배우

10년을 무대에서 노래하며 그저 할 수 있는 선에서 노래만 부르며 만족하던 저에게 어느 순간 부르지 못하는 노래와 음역들 그리고 노력으로 얼마나 변화할 수 있을까? 하는 의문이 생겼고 우연히 보컬 수업 영상들을 보다가 이윤석 원장님을 알게 되었습니다. 동영상만으로도 많은 지식을 알게 되었지만 누군가 정확히 내 노래를 듣고 판단해주길 바라는 마음에서 저보다 먼저 선생님을 알게 된 배우들을 통해 선생님을 소개받고 레슨을 진행했습니다. 제게는 명확한 숙제와 궁금증이 있었고 하나하나 완벽하게 해소가 되었습니다. 이 책은 실용음악, 뮤지컬, 성악 외 모든 장르를 구분 짓지 않고 어떻게 소리를 내야 하는지와 첫소리의 신비와 호흡으로 혀를 안정시키는 것… 그로 인해 놀라운 변화를 만나게 되는 이야기가 적혀 있습니다. 싱잉 머슬이 발달된다는 것도 제겐 큰 위로였습니다. 누구나 머리로 이해했다고 한 번에 되는 것이 아니기 때문에 무엇보다 나의 목소리가 보물이라고 생각하더라도 이미 활동을 하고 있어도 그 소중한 목소리를 더 빛나게 만들어주는 책이 될 거라고 확신합니다. 이윤석 원장님의 바디사운드에서 이렇게 책으로까지 정리해주셔서 감사합니다. 주변 동료 가수 혹은 뮤지컬 배우들에게도 적극 추천합니다! ^^

— 정원영 **뮤지컬 배우**

차례

1장   마인드풀 바디사운드의 기본, 온전한 발성

2장   마인드풀 바디사운드의 4가지 핵심 요소

3장   마인드풀 바디사운드 훈련하기

4장   발성장애의 이해와 발성 개선 훈련

1장

마인드풀 바디사운드의 기본,
온전한 발성

1

발성의 원리

말하기와 노래하기에 있어 나만의 건강하고 온전한 목소리를 찾고 싶으신가요? 그럼 바로 발성의 핵심 원리부터 간단히 설명하겠습니다. 하지만 이 방법은 여러분 몸을 통해서 찾으셔야 합니다. 그러니 지금부터 설명을 잘 읽고 따라 하며 몸의 반응을 잘 관찰해주시기 바랍니다. 그럼 실습을 하나 진행해 보겠습니다.

눈앞에 큰 촛불이 있다고 상상해 보세요. 이 촛불을 여러분은 단한 번에 꺼야 합니다. 그럼 숨을 깊이 들이쉬고 힘차게 후~ 하고 5초간 불어보세요.

이때 여러분 복부를 주의 깊게 관찰해 보세요. 복부에서 긴장감이 느껴지나요? 관찰이 끝났다면 한 가지 물어보겠습니다. 혹시 호흡을 불 때 복부에 힘을 의도적으로 주었나요? 아니면 저절로 따라온 걸까요? 몇 번이건 반복하면서 몸을 잘 살펴보세요. 어떤가요? 복부의 긴장이 자연히 따라왔다는 걸 알아차리셨나요? 여기 발성에 가장 중요한 핵심 원리가 담겨 있습니다. 첫 번째, 촛불을 끄려는 의도에 맞게 숨을 깊이 들이쉬었고 두 번째, 호흡을 세게 불 때입술을 오므렸다는(통제) 것입니다. 그래서 복부의 압력이 자연스럽게 따라오게 된 것이죠. 이 원리를 발성으로 연결 지어 알아보겠습니다.

- 촛불 불기: 호흡을 세게 불며 입술 좁히기 → 복부의 압력 형성과 함께 호흡 불기 지속 가능
- 온전한 발성: 목소리를 내며 혀와 목의 안정 유지 → 보다 원활한 성대

이해가 조금 더 되셨나요? 호흡을 부는 순수한 의도에 입술을 좁히는 저항 요소가 더해져 복부 압력이 형성되듯, 목소리를 내는 순수한 의도에 혀와 목의 안정이 유지되면 성대 접촉이 좋아져 자연히 복부의 압력이 형성되는 간단한 원리입니다.

이와 유사한 원리는 우리 삶 속에도 쉽게 찾아볼 수 있습니다. 엉엉 울거나 크게 웃는 소리를 떠올려 보세요. 목 놓아 울거나 배꼽 빠지게 웃는다고도 표현하죠. 바로 자연스럽게 복부에 긴장이 따라오기 때문입니다.

울거나 웃는 소리는 극적인 감정에서 나오는 강한 진동의 소리입니다. 또한 일반적인 의사소통을 하는 소리가 아니기에 특별한 발음을 하지 않습니다. 때문에 혀와 목이 안정된 소리이기도 하죠. 이러한 상태를 목의 온전한 상태 또는 비언어적인 상태라고 합니다. 목의 온전한 상태에서 발성을 하면 성대 접지가 원활해져 마치 후~ 불듯 복부 압력이 자연히 따라오는 것이죠. 물론 발성 훈련이 진행되면 언어적 발음을 하게 됩니다. 그래서 발음마다의 특성을 부드럽게 순화하여 목의 안정을 유지하는 훈련을 앞으로 진행하게 될 것입니다.

우리는 일반적으로 발성 연습을 할 때 배에 힘을 억지로 주면서 소리 낸다고 알고 있습니다. 그러나 그것은 자연스러운 우리 몸의 순기능을 역행하는 방식입니다. 우리는 이미 온전한 발성을 할 준비가 되어 있습니다. 다만 그것이 잘 드러날 수 있도록 오인된 개념과 그로 인한 불필요한 발성 습관을 걷어내야 합니다. 그렇기에 앞으로 훈련하게 될 발성법은 울거나 웃듯 비언어적인 상태(혀와 목의 이완, 안정된 상태)인 것처럼 안정이 지속될 수 있도록 하는 훈련에 중점을 두게 될 것입니다. 그래서 올바른 발성 훈련의 시작은 목을 괴롭혀 가면서 억지로 소리를 만들어 내거나 흉내 내는 것이 아니라, 우리가 이미 가지고 있는 본래의 온전한 목 상태를 바탕으로 각자의 개성을 자연히 드러내는 방법을 발견해 나가는 것이라고 할 수 있습니다.

온전한 발성을 위한
4가지 마인드셋

첫째, 온리 원Only One이 비로소 최고Best가 된다.

발성 지도를 하다 보면 고음역에 대한 갈망과 더불어 유명 스타 가수의 목소리를 닮고 싶어 하는 사람들이 참 많은 것 같습니다. 물론 꾸준한 훈련을 통해 소리의 역량은 어느 정도 개발이 가능하지만 타고남을 넘어선 무리한 변성과 고음의 사용은 시간이 지날수록 본래의 목소리조차 잃게 만들기도 합니다.

지금까지 많은 현역 가수들의 목소리를 교정하면서 제가 느낀 점이 있다면, 남들이 환호하는 베스트best를 따르는 것보다는 세상에 단 하나뿐인 온리 원only one의 목소리를 발견하고 개발하는 것이 진정한 '최고'가 되는 방법이라는 것입니다. 오랫동안 대중들에게 사랑을 받는 유명 가수들조차 자신만의 타고난 목소리를 꾸준히 찾아 나가려 부단히 노력하고 있습니다. 이렇게 했을 때 목소리의 건강 측면과 더불어 음악적인 부분에서도 상당히 도움을 받기 때문이죠.

우선 자신의 목소리에 대한 좋다 싫다 하는 판단이나 고정관념에서 벗어나 나만의 유일하고 온전한 목소리 색깔이 있다는 것을 믿고 받아들이길 바랍니다. 자신의 목소리에 대한 믿음과 애정이 약할수록, 타인의 소리에 대한 동경이나 모방으로 의식과 행동이 치우치게 되어버리죠. 결국 아무리 연습을 하고 애를 써 봐도 동경하는 가수의 목소리는 물론 자신의 타고난 목소리도 모두 찾을 수 없게 되어버리기도 합니다.

그렇기 때문에 이제부터는 자신이 상상해 놓은 좋은 소리에 대한 집착과 프레임을 과감히 버려야 합니다. 다소 미숙해도 자신만의 온전한 음성에 따뜻한 애정을 갖길 바랍니다. 또한 앞으로의 훈련에서 소리에 대해 느껴지는 다양한 감각에 대해 개인적인 감정과 판단을 지나치게 내세우지 않도록 해보세요. 그러한 태도를 유지하면 매 연습마다 혼란에 의한 소리의 흔들림이 적어지고 일관된 발성을 체험할 수 있게 될 것입니다. 여러분이 소망하는 목소리는 이미 여러분 안에 완벽하게 준비되어 있습니다.

실제로 레슨 도중에 이런 질문을 상당히 많이 받습니다. "선생님, 제 목소리는 어떤 가수랑 비슷한가요?" 이는 자기 목소리가 유명 가수의 음색과 닮아 있기를 바라는 마음에서 나오는 질문이겠죠. 이 질문을 듣고 있자면 저는 안타까운 마음이 듭니다. 자신에 대한 부정적이고 자기 비하적인 생각에서 비롯된 물음이기 때문이죠. 부러워하는 마음을 경계하라. 부러우면 지는 거라는 말처럼 상대의 그 무엇이건 부러운 마음을 갖게 되면, 자연스레 나에 대한 부정적인 감정이 자리 잡게 됩니다. 그러니 연습 과정에서 자신의 의식과 주의를 항상 자기 내부로 돌려보세요. 멋지고 완성된 타인의 목소리는 여러분보다 능력이 뛰어난 것이 아닙니다. 단지 지금의 여러분보다 연습한 시간이 더 많았던 것뿐입니다.

> 꽃들은 자기 자신과 남들을 비교하지 않는다. 매화는 매화의 특징을 지니고 있고, 진달래는 진달래다운 특성을 지니고 있다. 저마다 최선을 다해 피어날 뿐 어느 꽃과도 비교하지 않는다. 비교는 시샘과 열정을 낳는다. 비교하지 않고 자신답게 자신의 삶에 충실할 때 그는 순수하게 존재할 수 있다.•

나의 목소리는 곧 나만의 꽃입니다. 남들과 비교할 필요가 없습니다. 나만의 특징, 나만의 개성이 담긴 온전성이 존재하고 있는 그 목소리는 충분히 아름답고 존중받아 마땅합니다. 어떤 목소리든지

• 법정스님, 류시화 엮음, 『산에는 꽃이 피네』 문학의 숲, 2010, p169 참조.

그 자체로 꽃들처럼 아름다움이 있기 때문입니다. 발성 훈련은 내게 없던, 내가 갖고 싶었던 새로운 목소리를 만들어 내는 것이 아닙니다. 순수하던 어린아이 시절 본인이 갖고 태어났던 온전한 목소리를 발견하고 꽃피우는 훈련입니다. 온전한 발성이 이루어질 수 있는 신체 메커니즘은 이러한 마음으로부터 시작되어야 합니다.

사
례
1

가수 **임영웅**

"어떤 위치에서도 목소리의 온전함을 위해 노력"

책 서문에 소개했던 임영웅 씨에 대한 이야기를 보다 자세히 해 드릴까 합니다. 그는 몇 회의 공연을 하고 나면 목이 쉬이 잠겨 버려서 매우 힘들어했습니다. 현재도 성인가요로 활발하게 활동하고 계신 가수 조항조 선배님의 경우 록Rock이라는 장르로 가수 활동을 시작하셨지만 후에 트로트 가수로 장르를 전환하면서 임영웅 씨와 유사한 증상을 토로하셨던 기억이 납니다. 사실 가수 임영웅 씨는 대학에서 실용음악을 전공했었습니다. 가수로 전향하면서 트로트를 시작한 것이죠. 장르를 바꾸면 그 장르만의 색을 따라가거나 혹은 멘토 가수의 음성과 테크닉을 흉내 내다가 목 조임 관련 문제들이 생기기도 합니다.

임영웅 씨는 타인이 지적하지도 않은 자신만이 아는 문제점을 빠르게 알아차리고 과감히 교정을 시작한 것이죠. 발성 교정은 언제나 그렇듯 장르의 특색 있는 소리를 내려놓고 발성기관의 온전함을 찾는 방향으로 진행되었습니다. 특히 목 조임을 줄이기 위해서 두성밸런스 훈련(가창을 위한 훈련에 소개될 예정)을 통해 목의 안정과 소리의 자연스러운 길을 인지하고 본래의 목소리로 개선시키는 과정이 반복 훈련되었습니다.

발성 훈련이 4개월 가까이 진행되어 개선되고 있을 무렵, 임영웅 씨는 TV조선에서 개최한 〈미스터 트롯〉이란 프로그램의 오디션 참가 의사를 밝혔습니다. 그러면서 저에게 "제발 예선만 통과했으면 좋겠어요…."라고 걱정스러운 마음을 드러냈었죠. 저는 "잘 되겠죠. 잘 될 거예요. 그때가 언제든 영웅 씨는 잘 될 거예요."라고 했지만 자기 자식 물가에 내놓은 부모 마음처럼 저도 걱정되긴 매한가지였습니다.

어느덧 대규모 오디션이 시작되었고 매회 방송이 진행될수록 대한민국을 떠들썩하게 만든 가수들의 노래와 멋진 무대들은 각종 매체를 통해 각광을 받았습니다.

경연이 모두 끝난 후 다시 가수 영웅 씨를 만나서 들은 얘기지만, 경연 과정에서도 그는 그동안 저와 훈련 때 녹음해두었던 발성 교정 훈련 파일을 틈틈이 들어가며 연습실에서 때로는 숙소에서 계속 발성을 연습했다고 합니다. 다행히 영웅 씨는 예선을 통과하였고 그가 이루고자 했던 소리와 감성을 〈바램〉(원곡 노사연)이라는 곡을 시작으로 경연 끝까지 많은 이들에게 위로와 감동을 선사하였습니다.

그렇게 열띤 경연이 끝나고도 그는 저를 계속 찾아와 자신의 소리를 개선하기 위해, 무대에서 필요한 소리를 찾기 위해 끊임없이 훈련을 받고 있습니다.

누구도 완벽할 수 없죠. 하지만 자신의 부족함을 어떤 위치에서도 알아차리고 받아들여 더 나아지고 온전해지려는 가수 임영웅은 제가 발성을 지도하였지만 저에게 더 많은 것을 가르쳐준 고마운 인연이기도 합니다.

둘째, 소리 길은 저절로 만들어진다(엉뚱한 것에 애쓰지 않기).

가수와 아마추어 모두 노래를 위한 발성 훈련을 할 때, 보다 세밀하게 목의 안정과 소리의 길을 파악하기 위해 두성밸런스라는 훈련을 진행합니다. 편안한 작은 목소리로 낮은 진성과 종종 높은 소리에서 사용하는 가성이 자연스럽게 한길로 연결되는 것을 체험하는 것이죠. 이 훈련 과정에서 저는 레슨을 받는 분들에게 이런 질문을 합니다. "평소보다 작은 목소리로 시작하였지만 음정을 저음부터 고음으로 높이고 다시 낮출 때, 의도적으로 진성과 가성을 연결한 건가요? 아니면 저절로 연결이 된 건가요?" 처음에는 대부분 머뭇머뭇하지만 몇 번 더 소리를 내어 관찰해 보면 혀와 목을 안정시키면서 자연스럽게 연결된 소리임을 알아차리게 됩니다. 이처럼 올바른 발성의 시작은 역설적이게도 애쓰지 않으려 할 때 자연스럽게 이루어집니다. 즉 욕심내지 않고 순수한 의도로 그냥 할 때 가장 이상적인 목소리의 길이 만들어지는 것이죠. 어떤 사람은 한 번의 발성 훈련을 통해 즉각적인 변화를 감지하고 고무되기도 하지만, 또 다른 사람은 생각보다 빠른 변화가 느껴지지 않아서 깊은 고민에 휩싸이기도 합니다. 이렇듯 발성 훈련을 통해 얻을 수 있는 최선의 성과가 기대하는 것보다 빠르거나 늦을 수도 있습니다. 그것은 훈련을 시작할 때 사람마다 몸과 마음의 상태가 모두 다르기 때문이죠. 그렇기에 시작에 앞서 자신의 마음을 조용히 한번 살펴보는 것도 매우 중요합니다. 너무 조급한 마음을 가지고 욕심을 내지는 않는지, 혹은 너무 큰 기대와 목표로 자신에게 스트레스와 부담을 주진 않는지 말이죠.

몸으로 체득하는 것은 올바른 방법을 유지하면서 자신에게 맞는 적당한 시간을 활용해 반복하는 것이 대단히 효과적입니다. 저는 발성 훈련을 함께하는 모든 분들에게 모든 강의를 녹음하라고 권해드립니다. 그리고 강의 후에는 집에서 녹음본을 듣고 혼자 연습을 하라고 하죠. 이때 저는 3일의 약속을 과제로 드립니다. 저와 레슨을 한 것을 1일로 하여 이어서 총 3일을 연습하라고 말이죠. 이 3일은 첫날 몸이 체득한 것을 잊지 않게 하기 위한 최소한의 연습 기간이면서도 절대 무리하지 말라는 기간이기도 합니다. 근력 운동도 훈련 뒤 잘 먹고 쉴 때 비로소 근육들이 자리를 잡고 운동의 효과를 발휘하듯, 발성 훈련 역시 훈련 후 충분한 휴식을 취할 때 새로운 정보에 대해 우리 몸이 받아들이고 자리를 잡게 됩니다. "어? 원장님, 저 최근에 일이 바빠서 평소보다 연습을 못해서 걱정했는데, 오늘 소리가 엄청 잘 나오네요." 이런 말을 하는 사람들이 의외로 많은 것은 결코 우연이 아닌 것이죠. 쉬는 것도 열심히 하는 것만큼 중요한 훈련임을 잊지 마세요.

처음 기초 발성 훈련을 받게 되면 목과 몸으로 느끼는 새로운 변화들을 경험하게 됩니다. 그래서 조금만 더 연습하면 본인이 기대하는 수준에 도달할 것 같은 생각도 하게 되죠. 하지만 시간이 지날수록 처음 배울 때와 같은 극적인 변화들을 못 느끼게 됩니다. 더 이상 발전이 느껴지지 않고 정체되어 있다는 생각을 하게 되죠. 이때 초조함에 무리하게 연습량을 늘리면 오히려 예전보다 더 안 좋은 상태가 되어버리기도 합니다.

발성 연습을 시작하게 되면 대략 3개월 전후에 이러한 현상이 많이 나타나게 됩니다. 사실 이때는 모죽毛竹이 세상에 나올 준비를 하는 시기라고 생각할 수 있습니다. 대나무의 한 종류인 모죽은 씨를 뿌린 후 5년 동안 땅속 깊숙이 사방으로 수십 미터나 뿌리를 내렸다가 5년이 지난 후 싹이 나오기 시작합니다. 이후 하루에 80cm씩 자라며 6주 후에는 30m까지 성장해서 굵고 단단한 대나무가 된다고 합니다. 이처럼 발성 연습을 시작하는 초기 3개월 전후의 시기는 모죽과 같이 획기적 발전을 위해 변화의 힘을 내적으로 숙성하고 있는 상태라고 볼 수 있습니다. 그러니 연습에 대한 결과가 그때그때 다르다고 하여도 일희일비하며 엉뚱한 길로 가지 않도록 마음을 비우고 묵묵히 정진하시기 바랍니다. 그럼 모든 건 때가 되었을 때 저절로 경험하고 만날 수 있게 됩니다.

셋째, 내려놓고 수용하면 비로소 얻게 된다.

목소리와 마음은 실제 거리인 한 뼘보다 가까운 것 같습니다. 고도의 압박, 트라우마, 우울, 불안 등과 같은 심리적인 스트레스로 목소리가 원활하게 나오지 않는 발성장애를 겪는 사람들도 있습니다. 때로는 건강한 목소리를 위해 훈련을 시작하면서도 건강하지 못한 마음가짐 때문에 오히려 역효과가 나타나는 경우가 있습니다. 말과 노래를 위한 발성 훈련에서 너무 많은 결과들을 미리 마음속에 품고 연습을 할 때가 그렇습니다. 그런 마음은 자유롭게 날아가야 할 온전한 소리에 무거운 수레를 들게 하는 것과 같아 연습 때마다 오히려 몸과 마음에 경직과 스트레스만 가중케 됩니다. 이런 장애의 근본적인 원인을 조사해 보면 자기 자신에 대한 불신과 불안함, 조급함, 과도한 욕망, 타인과의 끊임없는 비교 등이 자리 잡고 있습니다. 그래서 발성 훈련을 시작하기 전 무엇보다 열린 마음과 나에 대한 따뜻한 친절함으로 자신의 경험을 기꺼이 있는 그대로 경험하고 받아들이는 수용적인 태도가 중요합니다.

앞으로의 발성 훈련 과정에서 이런 생각들이 올라오게 될 수도 있습니다. "어? 이게 맞나? 목은 편한데 소리가 마음에 안 드는데… 내가 원하는 느낌은 이게 아니야." "고음은 편하게 나오는 것 같은데, 너무 얇고 앵앵대는 느낌이네… 별로네." 이러한 사고 판단은 마치 주먹을 쥐고 악수를 하려는 격이죠. 우리는 앞으로 자신만의 타고난 온리 원의 목소리를 이완, 안정을 통해 보물을 찾듯 발견하려고 합니다. 하지만 시작부터 이미 정해놓은 프레임들로 모든 가능성을 가둬둔다면 언제가 금은보화를 발견한다 해도 그것을 제대로 알아볼 수 없게 됩니다. 실례로 아이돌 가수 L의 경우, 자기만의 음악 스타일과 근래 배웠던 발성법이 충돌이 생겨 굉장히 애를 먹었다고 합니다. 이야기를 들어보니, 고음을 잘 내는 가수들은 목도 조이지 않고 편하게 노래하는 것 같아 자신도 그렇게 부르고 싶어 고음을 쉽게 가르치는 선생님을 찾아 훈련을 받았다고 합니다. 문제는 그리 오래 걸리지 않아 나타나게 되었죠. 이전보다 분명 고음은 빠른 시간에 나오게 되었지만 그 소리를 노래에 적용할 수가 없었고 점차 이전에 불렀던 노래들조차 음정이 불안정해지기 시작했습니다. 무리한 발성으로 소리의 결이 흐트러지니 점차 노래하는 것이 두려워졌고 차라리 아무것도 몰랐던 예전으로 돌아가고 싶다고 했습니다. 실제로 많은 사람들이 자신이 얼마나 자연스럽게 발성을 할 수 있는지를 깨닫지 못하고, 자신이 원하는 목소리가 특별한 기술을 연마하면 뚝딱 이루어질 것으로 착각을 하는 경우가 많습니다. 하지만 그런 생각과 마음은 결국 자신을 더욱 혼란스럽게 만들고 이미 가지고 있던 온전함조차 잃어버리게 되죠.

'목을 쓰면 안 된다' '공명을 시켜야 한다' '배에 힘을 줘야 한다' 등과 같은 표현들도 우리를 온전한 자연스러움에서 억지스러운 프레임에 가둬버리는 표현들입니다. 이후 상세하게 다룰 이야기이지만 잠깐 설명해 보겠습니다. 우선 목은 반드시 써야 합니다. 다만 성대가 잘 접촉될 수 있도록 안정된 상태에서 열심히 써야 하며, 그때 자연히 배의 힘은 따라오게 되고 공명은 성대 접촉이 좋아지면 마치 울거나 웃을 때처럼 저절로 형성됩니다. 이처럼 온전한 발성의 시작은 혀와 목의 이완 안정을 통해 하나의 결처럼 여러 기관들의 협응성으로 이루어집니다.

결국 내려놓고 수용하라는 의미는 체험이 아닌 머리로만 알고 있던 개념들과 더불어 조급함, 불안, 과도한 욕심, 미리 결정된 음색 등을 과감히 내려놓으라는 것입니다. 그렇게 했을 때 생각지도 못한 많은 가능성이 열리게 되고 그렇게 꾸준히 연습을 진행할수록 긍정적이면서 명료한 결과들을 얻게 됩니다.

가수 **이벼리**

"어떤 시련에도 희망을 놓지 않고
마음 근육으로 극복"

'포르테 디 콰트로'의 멤버 테너 이벼리 님은 〈팬텀싱어〉라는 오디션 방송에서 최종 우승을 차지한 실력 있는 크로스오버 가수입니다. 그는 원래 연극배우였고 노래 부르기를 좋아해서 예전에 잠깐 성악 레슨을 받은 것이 전부라고 했습니다. 그럼에도 데뷔 전부터 그의 성량과 가창력에 대해 이미 전해 들은 바 있었죠. 실력이 출중하니 방송을 통해 좋은 성과를 거두게 되었고 많은 이들에게 인정받는 가수로 활동하게 되었습니다.

그로부터 몇 년이 지난 후 이벼리 님은 저를 직접 찾아왔습니다. 저는 너무 반가웠지만 그는 발성에 대한 깊은 고민과 함께 우울증까지 겪고 있었습니다. 우승을 차지하고 활발하게 활동하고 있어야 할 그가 왜 그리도 힘든 마음과 몸으로 저를 찾아왔을까 몹시 안쓰럽고 궁금했습니다.

오디션 과정에서 비전공자인 이벼리 님이 전공자들을 떨어트리고 올라가는 것이 몇몇 시청자들에게는 좋게 보이지 않았던 모양입니다. 그는 신경 쓰지 않으려 했지만 방송으로 쏟아지는 관심과 후폭풍들을 감당하기에는 정신적으로 많이 힘들었던 것 같았습니다. 더불어 스트레스 때문인지 목소리는 점점 더 나오지 않게 되었고 마음은 계속 더 괴롭고 불안함에 시달렸다고 합니다.

이벼리 님은 더 이상 이대로는 노래를 부를 수 없다고 판단했고 과감히 발성을 교정하기로 결정했습니다. 사실 노래를 자주 부르지 않는 일반인들도 발성을 교정한다는 것 자체가 대단히 어렵고 힘든 일입니다. 하물며 노래를 직업으로 하는 가수가 발성을 교정한다는 건 잘 달리던 육상 선수가 재활을 위해 다시 느린 걸음으로 기본자세부터 배우는 것과도 같습니다. 정신적 육체적으로 정말 견디기 힘든 시간이죠.

그럼에도 이벼리 님은 단 한 번의 레슨도 빼먹지 않았고 일상에서도 허투루 시간을 보내지 않고 너무 성실히 훈련에 집중해주었습니다. 발성은 운동과 같아서 올바른 방식으로 꾸준히 노력하면 그만큼의 긍정적인 효과를 체험하게 됩니다. 그 역시 호흡법과 첫소리를 내는 기초 훈련들을 남들의 몇 배가 되게 연습하였고 점차 목에 부담을 줄여 자연스럽고 효율적인 소리법으로 개선해 나갔습니다. 특히 성악이 가지고 있는 '성악적인 소리'에서 벗어나 우리 몸이 원하는 자연스럽고 유연한 발성을 되찾으려 노력한 것이 큰 효과를 보았습니다.

어느덧 처음 만났을 때 이벼리 님의 모습은 찾아볼 수 없었습니다. 모든 소리꾼들이 공감하겠지만 소리가 잘 나오고 노래가 잘되면 길을 가다 이유 없이 뒤로 넘어져 코가 깨지고 더불어 손에 똥이 묻어도 입가에 웃음이 좀처럼 가시질 않습니다. 조금 과장된 표현이지만 그만큼 소리꾼들에게 소리는 삶의 전부 그 이상인 것이죠. 그 역시 건강한 발성을 깨닫게 되면서 편안함과 안정감으로 마음의 여유를 되찾은 듯 보였습니다. 그 후 이벼리 님은 〈팬텀싱어 올스타전〉에 초대를 받게 되었습니다. 출연이 결정되자 이벼리 님은 평온한 마음으로 회심의 미소를 지으며 저와 이런 대화를 나누었습니다. "이제 보여줄 때가 왔네요." "보여줍시다!" 진정한 노력에서 오는 평정심과 자신감이었습니다.

그렇게 몇 년 만에 다시 출연하여 열창을 한 이벼리 님에게 이전 심사위원이었던 뮤지컬 배우 마이클 리 님은 이렇게 평가했습니다.

"Oh! My God! You are fantastic! 정말 엄청나게 변했고 엄청 많이 늘었고 완전 프로가 됐어요. 너무 자랑스럽고 최고였어요."

함께 출연한 가수들도 극찬과 찬사를 아낌없이 보내 주었습니다. 그런 칭찬에 멋쩍게 웃음 짓는 이벼리 님의 미소는 세상을 다 가진 자의 박장대소보다 행복하고 평온해 보였습니다.

가수 이벼리 님은 몸과 마음이 모두 무너졌을 때조차 자신에게 희망을 걸고 자신을 위해 친절한 선택을 하였습니다. 그 힘은 그 어떤 외부 근육보다 강한 마음의 근육이라고 생각합니다. 그는 결국 이겨냈고 해냈고 이뤄냈습니다. 그는 지금 그 누구보다 온전한 목소리로 행복하게 노래를 부르고 있습니다. 어느 날 이 벼리 님은 이 좋은 지도법으로 자신과 같이 소리에 어려움을 겪는 사람들을 지도하고 싶다고 했습니다. 그래서 현재는 제가 운영하는 학원의 강사로도 열심히 활동하고 있습니다.^^

넷째, 마음과 몸의 이완을 통한 효율적인 긴장이 온전한 발성의 시작이다.

몸을 사용하는 모든 운동이 그러하듯 힘을 써야 하는 곳에 힘을 빼려고 할 때 비로소 효과적인 힘이 발휘될 수 있습니다. 물론 힘을 모조리 빼라는 것이 아닙니다. 힘(에너지)을 쓰려고 할 때 불필요한 긴장이 힘을 쓰는 그곳에 들어가지 않도록 유의하라는 것이죠. 이러한 노력을 통해 신체의 균형이 잡히면 효율적으로 긴장(힘)을 활용할 수 있습니다.

이러한 효율적인 긴장 상태를 현악기의 현에 비유하기도 합니다. 현악기는 진동체인 현의 진동을 이용하여 소리를 냅니다. 현이 너무 느슨하면 소리가 제대로 나질 않고 반대로 너무 팽팽하면 끊어지기 쉽죠. 이런 적절한 균형에 대하여 옛날 성인들은 공부를 잘하기 위해서는 거문고 줄 고르듯 하라고도 하였습니다. 너무 애쓰면 들떠서 병이 나기 쉽고, 너무 느슨하면 게으름에 빠진다고 하였죠. 이처럼 효율적인 긴장이란 바로 적절한 수준의 긴장감을 유지하는 것을 말하며, 적절한 긴장이란 그것 자체가 균형을 이룬 건강한 상태를 말하는 것입니다.

발성 훈련에서 앞으로 수없이 강조될 혀와 목의 안정(순화)이 바로 우리가 익혀야 할 이완이며, 이 상태로 말하고 노래하였을 때 효율적인 긴장이 울거나 웃듯이 복부에 형성이 되죠. 이렇듯 자연스럽게 발현되어 나오는 소리를 온전한 발성이라고 합니다.

하지만 과도한 욕심이나 집착을 내려두고 마음을 깨끗이 비우는 마음의 이완이 목과 몸의 이완보다 먼저라고 생각합니다. 그런 마음가짐은 그 어떤 집착과 애씀보다 편안하고 빠르게 우리를 온전한 발성으로 인도해주기 때문이죠. 믿어지지 않겠지만 이는 20년간 소리를 지도하며 보아왔던 분명한 사실입니다. 마음을 비우고 나라는 존재 그 자체를 받아들이는 것. 나라고 하는 이미 완벽한 존재 그 자체에 따뜻한 마음을 보내기. 그렇게 비워지면서 충만해지면 발성 훈련을 위한 마음의 이완 상태가 준비됩니다. 그런 비움의 상태에서 발성 훈련을 시작한다면 분명 효율적이며 온전한 여러분의 목소리를 체험하게 될 겁니다.

내면의 태양을
깨우는 발성

우리는 모두 성공을 꿈꾸고, 성공을 위해 노력하고 있습니다. 하지만 인생에서 항상 성공만 할 수는 없죠. 실수와 좌절도 있고 때로는 극복하기 힘들어 보이는 실패를 경험하기도 합니다. 직장에서도 목표 달성이나 승진, 경력 개발 등 중요한 것들이 항상 내가 원하는 방향으로만 가지는 않습니다. 하지만 성공은 이러한 어려움을 헤쳐 나가야만 만날 수 있죠. 자신이 원하는 것을 이루는 과정에서 이러한 어려움을 돌파해 나가는 여러 방법들 중에서 가장 근본적인 것은 마음의 태도 즉 마인드셋입니다.

스탠퍼드대학교 캐럴 드웩 교수는 수십 년간의 연구 끝에 중요한 사실 하나를 발견했다고 합니다. 바로 자신에 관해 어떤 마인드셋을 가지는지에 따라 능력과 재능이 발현되는 정도가 크게 다르다는 것입니다. 드웩 교수의 연구에 따르면, 자신의 능력과 재능을 바라보는 관점에는 두 가지 마인드셋, 즉 고정마인드셋과 성장마인드셋이 있다고 합니다. 고정마인드셋을 가진 사람들은 자신의 능력이나 재능은 변화하지 않는다고 믿는 반면, 성장마인드셋을 가진 사람들은 자신의 능력이나 재능은 얼마든지 발전시킬 수 있다고 믿습니다. 그렇기 때문에 성장마인드셋을 가진 사람들은 실패를 인정하고, 과감히 불확실한 상황으로 뛰어 들어가, 도전과 배움을 통해 자신의 능력과 재능을 개발해 나가죠. 반대로 고정마인드셋을 가진 사람들은 새로운 도전을 시도하지 않고, 어려움에 직면하면 쉽게 포기해버립니다.[*] 능력과 재능은 유전적으로 타고난 자질이라 바뀌지 않는다고 믿기 때문입니다. 성공 가능성은 누가 높을까요? 당연히 성장마인드셋을 가진 사람들입니다. 그렇다면, 여러분은 어떤 마인드셋을 가지고 살아가고 있나요? 어려움이나 난관이 있을 때 나는 어떻게 사고하고 행동하는지, 10초 정도 눈을 감고 생각해 보고 실제 자신의 모습은 어떤지도 관찰해 보세요.

인간의 내면에는 태양과 같은 무한한 잠재력이 있습니다. 태양이 보이지 않는 것은 태양이 없기 때문이 아닙니다. 태양을 가리고

---

* 캐럴 드웩 지음, 김준수 옮김, 『마인드셋』 스몰빅라이프, 2019, p20~22 참조.

있는 구름 때문이죠. 고정마인드셋을 가진 사람들은 바로 태양, 즉 능력과 재능이 구름에 가려져 있는 사람들입니다. 하지만 구름만 제거하면 누구나 자신의 능력, 즉 내면의 태양이 떠오르게 되죠. 이 것이 바로 인간의 온전성입니다.

목소리도 마찬가지입니다. 어린이들이 내는 힘차고 거침없는 발성과 어른들이 내는 긴장되고 위축된 발성의 차이는 무엇일까요? 대부분 어린이들은 온전하게 작동하는 발성 메커니즘을 가지고 태어납니다. 태어날 때 우는 아기의 목소리는 가장 온전하고 자연스러운 천상의 목소리이죠.[•] 아이들은 울음소리를 낼 때 고민하지 않고, 할 필요도 없습니다. 하지만 성장하면서 자연스러움은 점점 인위적인 모습으로 변질됩니다. 실제로 성인이 되어서도 어린아이같이 거침없고 쉽게 목소리를 사용할 수 있는 사람이 얼마나 되는지 살펴보면 쉽게 알 수 있죠. 목소리에도 나만의 태양이 존재합니다. 단지 구름 때문에 온전한 목소리가 표현되지 않을 뿐이죠. 그러면 내 발성 태양은 어떻게 볼 수 있을까요? 아주 단순합니다. 좋은 목소리를 만들려고 무리하게 애쓰지 않고, 자신이 태어났을 때 가지고 있던 본래의 목소리, 즉 온전했던 목소리를 발견하는 것이 지름길입니다. 잘못된 습관을 버리고 아무런 걱정과 꾸밈없는 발성을 했던 어린 시절의 그 '소박함'과 '단순함'으로 돌아가는 것입니

• 시어도르 다이먼 지음, 김혜실 옮김, 『신체와 목소리(Your Body, Your Vioce)』 예솔, 2014, p18 참조하여 재작성.

다. 그런데 그 길을 가 본 사람들에게는 쉽지만, 아직 가 보지 않은 사람들에게는 검은 안대를 쓰고 있는 것처럼 막막하게 느껴지기도 합니다. 그러니 잘못된 습관과 생각, 관념과 같은 구름을 없애 자연히 온전한 발성 태양이 드러나도록 성장마인드셋으로 무장하길 바랍니다.

4

마음챙김과 함께하는
올바른 발성

태어났을 때 누구나 간직하고 있었던 자신만의 목소리가 있지만 어떤 제약 때문에 찾지 못하는 것입니다. 그런데 장애 요인은 의외로 단순합니다. 대부분 무리한 욕심이나 걱정 때문이죠. '내 목소리는 별로야. 조금 더 이쁜 목소리로 내야지.', '더 높은 목소리로 노래를 불러야 멋져.', '누군가가 나를 비판할 것 같아.', '소리가 제대로 안 나면 어쩌지.' 등과 같은 마음이 정서적 장애물로 작용해서 온전한 목소리가 나오는 길목을 막고 있기 때문입니다. '내 목소리는 원래 좋지 않아. 가망이 없어.', '내 목소리는 절대 바뀌지 않을 거야.' 등과 같이 자기 목소리에 대한 낮은 자신감과 비난하는 태도는 결국 스스로의 성장을 가로막는 고정마인드셋으로 가는 지름길이 됩니다. 목소리에 좋고 나쁨은 없습니다. 자신의 목소리를 장애물 없이 온전히 낼 수만 있다면, 그것이 가장 아름다운 목소리입니다. 같은 목소리를 가지고 있는 성악가, 대중 가수, 성우, 배우는 이 세상에 단 한 명도 없죠. 손가락의 지문과 같이 누구나 자기만의 고유한 목소리를 가지고 있기 때문입니다.

올바른 발성 훈련을 통해 자기만의 고유한 목소리를 발견하기 위해서는 현재 자신의 몸과 마음에 대한 순수한 자각 또는 알아차림이 매우 중요합니다. 발성하는 자신의 몸과 마음 상태를 매 순간 정확하게 알아차리려면 의도적으로 자신에게 온전히 주의를 기울이면서 볼 수 있어야 하죠. 재미있게도 제가 발견한 것은 그동안 발성 지도를 하면서 항상 강조해왔던 내용이 바로 마음챙김Mindfulness과 같은 개념이었다는 점입니다. 자신의 현재 상태를 주의를 기울여 알아차리는 것과 관련된 핵심 개념이 바로 '마음챙김'입니다. 미국 매사추세츠대학교 의과대학 명예교수이자 세계적으로 유명한 마음챙김 스트레스 완화MBSR 프로그램의 창시자인 존 카밧진Jon Kabat-Zinn 박사의 정의에 의하면, 마음챙김은 지속적이고 특별한 방식으로 주의를 기울임으로써 계발되는 자각(알아차림)입니다. 이때 우리는 의도적으로 그리고 어떤 판단도 하지 않고 현재의 순간에 주의를 기울입니다.[•] 온전한 발성도 동일합니다. 발성하는 순간에

• 존 카밧진 지음, 안희영 옮김, 『처음 만나는 마음챙김 명상』, 2012, p12 참조.

깨어서 순수한 마음으로 바라보는 것이 중요합니다. 특히 마음챙김적 태도 중에서 가장 중요한 것이 비판단적인 태도입니다. 자신의 목소리가 좋다 싫다 비교하는 마음을 갖지 않고 있는 그대로의 목소리를 발견하려는 의도적인 마음을 갖는 것이 중요합니다. 그러기 위해서는 긁지 않은 당첨 복권처럼 최고의 목소리가 자신 내면에 존재한다는 것을 믿어야 합니다. 조급해하지 않고 열린 마음으로 자신을 믿고 바른 노력을 하다 보면 어느 순간 보물을 발견하게 될 것입니다. 구름에 가린 태양이 때가 되면 그 모습을 드러내는 것과 같지만, 그 태양을 보기 위해서는 적당한 인내심도 필요한 것이죠.

올바른 발성을 위해서는 지나치게 애쓰면서 억지로 만들어 내려는 노력doing이 아니라 자연스럽게 드러나는 존재being로서의 목소리를 경험하는 것이 중요합니다. 이 책에서 안내하는 발성 훈련 역시 잘하려고 인위적으로 애쓰는 행위 모드에서 벗어나 원래 자신만의 온전한 목소리를 낼 수 있는 여건을 만드는 존재 모드로 전환하는 작업이 핵심입니다. 이를 위해서는 발성 시 몸에서 일어나는 현상들을 잘 알아차릴 수 있는 주의력이 필요합니다. 발성 과정에서 일어나는 정신적 신체적 현상들을 주의 깊게 관찰할 수 있으면 온전한 발성으로 가는 길이 훨씬 쉬워지는 것이죠. 음정과 가사를 포함하여 발성한 때에도 혀와 목, 턱의 이완, 안정을 지속적으로 유지하는 것처럼 신체 근육의 움직임 등에 의도적으로 주의를 두어 알아차리게 되면 이전보다 명료하고 안정적으로 발성법을 체득해 나갈 수 있습니다. 촛불을 끌 때 의도적으로 힘을 주지 않아도 복부에 힘이 들어오는 것을 알 수 있듯이 말이죠. 또 온전한 발성법에서 벗어나고 있다면 이를 알아차리고 다시 온전한 상태로 돌아오려는 의도적인 노력 또한 우리에게 필요합니다. 이러한 훈련이 앞으로 안내될 것이며, 이를 반복하다 보면 어느새 일상에서도 온전하고 건강히 개선된 발성이 가능해질 것입니다. 이처럼 의도적으로 주의를 기울이는 마음챙김과 함께할 때 자신만의 온전성이 빛날 것입니다.

실제 마음챙김의 핵심은 의도적인 주의, 즉 알아차림입니다. 여러분은 스스로 생각하고 판단하며 결정한다고 자신하나요? 흥미로운 실험 결과가 하나 있어 소개해 드리겠습니다. 〈네이처 뉴로사이언스〉에 발표된 기사에 따르면, '존딜런 헤인즈' 실험에서 "행동을 의식적으로 결정하는 순간보다 우리의 뇌가 10초 전에 무의식적으로 작동한다."라는 사실이 확인되었습니다. 즉 우리가 자유의지로 무언가를 선택, 결정한다고 하지만 이미 뇌는 10초 전에 결정을 하고 우리는 이를 인식하지 못한 채 그 결정을 따르게 된다는 것이죠. 다소 믿기 어려운 결과지만 우리에겐 의지대로 선택과 결정을 할 의지가 없다는 연구 결과입니다. 다른 한편에서 이 결과에 대해 미국의 신경과학자 빌라야누르 라마찬드란은 이렇게 해석합니다. "인간에게 진정으로 중요한 능력은 '자유의지'가 아니라 뇌의 무의식을 거절하는 '자유거절'이다." 저는 여기서 말하는 자유거절이 바로 알아차림에서 온다고 생각합니다. 무의식적인 생각과 판단이 올라올 때 바로 반응하기보다는 잠깐 알아차리고 생각이라는 자극과 반응 사이에 공간을 열어둬 보는 것이죠. 즉 생각이 일어나면 바로 반응하지 말고 잠깐 그 생각을 바라보는 것입니다. 그럼 보다 객관적이고 현명한 판단을 할 수 있는 것이죠. 여러분들도 연습 전 그리고 훈련 과정에서 오는 수많은 생각과 판단들이 과연 온전한 발성을 위한 것인지, 아니면 욕심과 조급함에서 오는 것인지 알아차려 보세요. 시작이 같아도 가는 동안 다른 곳을 보고 있다면 도착점은 전혀 다른 곳이 될 테니까요.

5

온전한 자기 발견을 향한 발성 연습

'좋은 발성'은 듣는 이로 하여금 '좋은 목소리'로도 인식되며, 무의식적으로는 '좋은 사람'으로까지 받아들여집니다. 물론 선입견이라 할 수도 있습니다. 하지만 우리의 '마음'과 '목소리'는 하나로 연결되어 있어, 외모만큼이나 본능적으로 상대방을 평가하고 인지하는 요소로 '목소리'가 크게 작용합니다. 이와 같이 목소리가 주는 영향력과 중요성을 언급할 때 꼭 회자가 되는 법칙이 한 가지 있죠. 바로 '메라비언 법칙'입니다.

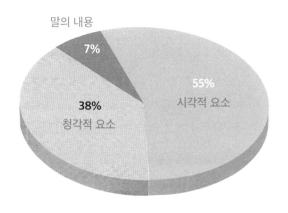

말의 내용

7%

55%
시각적 요소

38%
청각적 요소

메라비언 법칙

　메라비언 법칙에 대해 간단히 설명하자면, 상대방에 대한 인상과 호감을 결정하는 요소 중 외모, 옷차림, 제스처 같은 시각적 요소가 55%의 영향을 주고, 청각 요소인 목소리가 38%의 영향을 준다고 합니다. 전달하고자 하는 내용은 고작 7%의 영향만을 상대방에게 전해 준다는 점도 놀랍습니다. 여기서 우리가 가장 주목할 만한 사실은, 단일 조건으로 말하는 목소리가 상대방에게 가장 큰 영향을 준다는 것입니다. 메라비언 법칙을 보다 쉽게 이해할 수 있는 몇 가지 재미있는 사례를 들어보겠습니다.

　첫 번째로, 얼굴이 조각형 미남은 아니지만 편안하고 울림 있는 목소리로 많은 이들의 사랑을 받는 남자 배우들을 TV에서 종종 찾아볼 수 있습니다. 제가 생각하는 가장 좋은 사례로 배우 '한석규' 님과 '유지태' 님이 있습니다. 잠깐 이 두 배우의 목소리를 떠올려 보면, 부드럽고 여유 있으면서도 다정다감한 음성이 떠오릅니다. 그래서인지 부드러운 이미지의 배역이나 커피 광고를 종종 맡게 되는 것 같습니다.

다른 예로는 선생님의 목소리가 학생들의 학습 능률에 어느 정도 영향을 주는가 하는 실험입니다. 일본에서 실시된 이 실험에서 말투가 다른 두 명의 선생님이 A그룹, B그룹을 각기 맡아서 동일한 내용으로 수업을 진행했습니다. A그룹 선생님의 경우, 다소 빠른 말투와 지방 사투리를 사용하였고 B그룹 선생님의 경우, 표준어에 차분하고 명료한 목소리를 사용했다고 합니다. 두 선생님의 외모와 옷차림에는 큰 차이를 두지 않았으며, 선별된 학생들의 학습 능력에도 큰 차이가 없도록 조건을 조정했습니다. 이렇듯 유사한 조건에서, 청각적인 차별성만을 두고 두 그룹의 수업은 시작되었고 동일한 시간에 수업은 종료되었습니다. 이어서 수업 내용을 얼마나 이해하고 집중하였는지 확인하기 위해 두 그룹 학생들에게 시험을 보게 하였습니다. 결과는 예상대로였습니다. 차분하고 명료한 목소리를 사용했던 선생님이 가르쳤던 B그룹 학생들이 수업에 대한 이해와 집중도가 A그룹에 비해 월등히 높았습니다. 흥미로운 사실은 B그룹 학생들은 앞으로도 계속 같은 선생님에게 수업을 듣고 싶어 했으며, 여느 수업과는 다르게 수업 내용이 오래 기억에 남았다고 합니다.

그럼 상대방에게 '긍정적인 영향'을 미치는 '좋은 발성과 좋은 목소리'란 앞서 예로 들었던 한석규, 유지태 배우 같은 부드럽고 울림 있는 목소리일까요? 아니면 실험에 참여한 선생님같이 표준어에 차분하고 명확한 목소리일까요? 많은 분들이 이 질문에 암묵적인 동의를 하고 있을 겁니다. 그래서 어쩌면 우리는 자신도 모르는 사이 애써 듣기 좋은 목소리를 동경하거나 또 그런 목소리들을 따라 해 보는 게 아닐까요? 그럼 과연 내 목소리도 듣기 좋아질까요? 흉내를 내는 잠깐은 그럴듯한 기분을 느낄지 모르지만 누가 들어도 어색하게 들릴 겁니다. 또 얼마 지나지 않아 목에 불편함도 느끼게 되죠. 앞으로 이 부분에 대한 마음가짐과 발성 훈련을 진행하겠지만, 제가 생각하는 타인에게 긍정적인 영향을 주는 목소리는 바로 자신에게 긍정적인 영향을 주는 목소리라고 생각합니다. 즉 자신이 이미 가지고 있는 온전한 발성을 의미합니다. 다시 말해 발성기관 및 보조기관들의 이완과 효과적인 협응성의 상태를 의미하고 이를 바탕으로 목소리를 훈련할 때 매우 긍정적인 효과를 경험하게 된다는 것이죠.

우리가 듣기 좋다고 생각하는 성우, 아나운서, 배우들의 목소리(음색)가 다 똑같은가요? 천차만별 모두가 제각기입니다. 다만 온전한 자신만의 목소리를 바탕으로 훈련하였기에 명확한 발음과 듣기 좋은 울림 같은 공통적인 특징들이 긍정적으로 잘 드러나 있을 뿐이지요. 그들의 결과적인 특징을 따라 하기보다는 그들과 같은 시작(온전한 발성)으로 출발한다면 여러분도 분명 좋은 목소리를 낼 수 있습니다.

2018년 9월 24일, 방탄소년단은 UN 총회에서 연설을 한 최초의 한국 아티스트가 되었습니다. 리더 RM(김남준) 님의 6분가량의 짧은 연설은, 저를 포함해 많은 이들에게 큰 울림을 주었는데요. 연설문 중 제 강의와 연관이 있는 부분이 있어 간략하게 소개해 봅니다.

"저는 여러분 모두에게 묻고 싶습니다. 여러분의 이름은 무엇입니까? 무엇이 여러분의 심장을 뛰게 만듭니까? 여러분의 이야기를 들려주세요. 여러분의 목소리와 신념을 듣고 싶습니다. 여러분이 누구이든, 어느 나라 출신이든, 피부색이 어떻든, 성별이 무엇이든 상관없습니다. 당신의 이름을 찾고 당신의 목소리를 찾으세요."

그렇습니다. 우리는 우리가 무엇을 좋아하고 잘하는지 타고난 꽃을 채 피울 시간도 없이 전근대적 교육과정과 입시로 계속되는 경쟁에서 끊임없이 자존감이 말살당해 왔죠. 슬프지만 너무나도 당연하게 남의 시선, 누군가의 바람을 자신의 꿈인 듯 착각하며 살아왔습니다. 더 슬픈 것은 과연 언제부터 꿈과 열정을 잃어버렸는지 기억해내려고도 하지 않는다는 것입니다. 나를 사랑하지 못하고 남들이 사랑하는 어떤 것을 사랑하도록 무언의 강요를 받으며 자라왔던 건 아닐까요. 결국 다른 사람의 시선으로 나를 보게 되고, 다른 사람의 욕망과 바람대로 살며 나의 소중한 가치를 희생시켰는지도 모릅니다.

제가 말하고자 하는 타고난 '목소리'의 본질은 '온전한 나'입니다. 자신의 목소리를 내지 못한다는 것은 결국 자신의 열정과 꿈 또한 펼치지 못하는 것입니다. 유명 작곡가이자 안테나 뮤직의 유희열 대표는 한 방송 프로에서 시대에 남는 가수에 대해 이런 말을 한 적이 있습니다.

> "시대에 남는 가수는 단 한 가지의 공통점이 있어요. 그건 바로 목소리입니다. 가수 조용필, 김광석, 전인권, 양희은 선배님들처럼 말이죠."

여기 언급된 가수들의 목소리에는 장르, 성별, 나이를 떠나 한 가지 공통점이 있죠. 높고 화려한 고음과 테크닉을 사용하지는 않더라도, 그 누구와도 비교되지 않는 고유한 '자신만의 색깔'을 가지고 있다는 것입니다. 그래서 시대를 대변하고 대중을 이끄는 가수가 된 건 아닐까요. 이처럼 타고난 본성이 담긴 그대로의 목소리를 받아들이고 훈련할 때 더 오랜 세월 건강하고 아름답게 말하고 노래할 수 있습니다. 그럼에도 우리는 멋져 보이고 유행하는 것만을 좇고 따라 하다 보니 결국 자신의 고유한 개성이 무엇이었는지 잃어버린 채 살아가기도 합니다.

『장자莊子』의 「추수秋水」에 나오는 '한단지보邯鄲之步'라는 말이 같은 맥락입니다. 어떤 사람이 한단이란 도시에 가서 그곳의 걸음걸이를 배우려다 미처 배우지 못하고, 본래의 걸음걸이도 잊어버려

기어서 돌아왔다는 이야기에서 유래합니다. 즉 함부로 자기 본분을 버리고 남의 행위를 따라 하면 두 가지 모두 잃는다는 것을 이르는 말이죠. 또한 빨강, 주황, 노랑, 파랑, 남색, 보라색… 이 모든 고유한 색깔의 물감을 하나씩 더하여 모두 섞다 보면 결국 '검은색'이 된다는 걸 아시나요?

시대를 이끄는 뛰어난 가수라고 하여 화려한 테크닉과 특별한 발성 기술이 꼭 필요한 것은 아닙니다. 그저 타고난 본성과 고유함을 잃지 않고 있는 그대로 '나답게' 노래하는 것이 가장 독보적이고 강력한 기술이라 할 수 있겠죠. 이렇듯 '자연스러움'을 가진 '그저 있는 그대로'의 온전한 목소리는 자신의 타고난 목소리를 일깨워주기도 하지만 우리 몸에 조화로움과 유연함을 가져다줍니다. 즉 마음과 목소리의 건강을 유지할 수 있는 선순환의 핵심 고리 역할을 해줍니다.

지금부터 훈련하게 될 말하기와 노래를 위한 발성 훈련 모두 '울거나 웃듯이' 즉 '비언어적인 형태의 순수한 음성'과 같은 자연스러운 발성의 형태를 바탕으로 발성기관들의 '이완 반응'들을 함께 공감하면서 심층적으로 진행될 것입니다. 이 간단한 원리를 꾸준히 체득한다면 분명 누군가에게는 일상 속의 즐거움과 신선함이 될 것이며, 또 다른 누군가에게는 삶의 혁명이 될지도 모릅니다.

"다른 누군가가 되어서 사랑받기보다는 있는 그대로의 나로서

미움받는 것이 낫다."

— 록밴드 너바나Nirvana의 보컬 커트 코베인Kurt Cobain

6

건강한 발성 훈련 과정

20년 가까이 발성을 지도하면서 다양한 장르의 프로, 아마추어 소리꾼들을 많이 만났습니다. 그들의 훈련 목적은 다음 3가지 정도로 축약됩니다.

첫째, 말하는 목소리 개선

둘째, 가창을 위한 발성 훈련

셋째, 음성치료

이 3가지 목적 중 80% 이상은 노래를 위한 훈련이며, 15% 정도는 말하는 목소리 교정 그리고 5% 정도가 음성치료를 위한 발성 훈련입니다. 이 책에서도 노래를 위한 발성 훈련이 많은 비중을 차지하고 있지만 그것은 단지 가창에서 요구되는 발성이 매우 까다롭기 때문입니다. 사실 정말 중요한 발성 교정의 시작은 바로 '말하는 목소리'부터입니다.

우리의 평소 말하는 목소리가 발성의 가장 기본적인 상태이기 때문에, 지금 편하게 낼 수 있는 목소리에서부터 온전한 방향으로 훈련하여야 하죠. 그다음으로 억양이 음정이 되는 가창 훈련으로 차츰 진행해야 발성 훈련에서 오는 혼란과 어려움을 줄일 수 있습니다. 야구에서 투수가 포크볼이나 슬라이더와 같이 멋지고 화려한 '커브볼'을 잘 던지기 위해서는, 무엇보다 가장 기본적인 '직구'를 제대로 던질 수 있어야 합니다. 즉 모든 커브볼은 직구를 기본으로 하여 응용됩니다. 마찬가지로 가창 테크닉을 갖추고 고음을 내고 싶다면 더욱이 현재 자신이 낼 수 있는 목소리(저음과 말하기)부터 올바로 교정하는 것이 기본적인 연습의 순서가 되어야 합니다.

그리고 비록 5% 정도라고는 했지만, 음성치료를 목적으로 한 발성 교정의 경우 노래를 부르는 과정에서 목에 무리를 주는 발성에 의한 문제가 가장 많았고 다음으로는 평소 말하는 목소리에 변성을 주면서 장애를 겪게 되는 경우도 있습니다. 더 큰 문제는 한번 발성에 문제가 시작되면 말하기와 노래 발성이 서로 악영향을 주고받으며 악순환을 겪게 된다는 점입니다. 그래서 한번 목소리가 악화되면 한동안 묵언수행을 하지 않는 이상 대부분 지속적으로 목소리 문제를 안고 지내게 됩니다.

하여 이 책에서는 말하는 목소리 개선과 노래하는 발성 강의를 따로 분류하지 않고 "노래하듯 말하기 & 말하듯 노래하기"와 같이 말과 노래하는 발성을 하나의 메커니즘으로 연결해 지도할 것입니다. 다시 말해, 기초 발성 과정으로 말하는 목소리를, 심화 과정으로는 노래하는 발성 훈련을 지도합니다. 그러니 앞서 당부하였듯, 급작스러운 변화를 꾀하기 위해 노래하는 발성 훈련부터 시작하기보다는 기본 강의부터 차분히 익혀나가다 보면 말하는 목소리와 노래하는 발성이 건강하게 변하는 즐거운 경험을 할 수 있게 될 것입니다.

7

발성과 운동의 공통점

제가 지도하고자 하는 발성 훈련은 운동 습득 과정과 매우 유사합니다. 알다시피 정신적, 육체적 측면을 잘 고려하여 꾸준한 반복 훈련을 해줄 경우 남녀노소 누구라도 분명한 개선 효과를 체험할 수 있는 것이 바로 운동입니다. 또한 '발성'과 '운동'은 올바른 방법으로 반복 훈련할 때, 자기 발전을 통한 희열을 '솔직하게' 체험할 수 있다는 공통점을 가지고 있습니다. 여기서 솔직하다는 표현은 연습한 만큼, 고민하고 노력한 만큼의 대가가 돌아온다는 뜻입니다.

뇌신경과학적 추론으로는 '측두평면planum temporale'이라는 뇌의 일부분이 클수록 예술적인 부분에서 예외적인 재능을 발휘한다고 합니다. 하지만 선천적으로 타고난 부분을 미리 안다고 해도 앞으로의 연습에는 큰 도움이 되지 않습니다. 그 이유는 발성 훈련은 발성기관의 기능적인 훈련을 지도하는 것이기에 뇌의 타고남과 특별한 센스보다는 끈기와 인내, 즉 그릿Grit이 필요하기 때문입니다. 그런 점에서 운동과도 너무나 닮아 있다는 것이죠. 어느 유행가의 제목처럼 '세상이 그대를 속일지라도' 그럼에도 우리의 '몸'은 거짓말을 하지 않죠. 앞으로 자기 목소리를 찾고 발견하기 위한 자기 응시 훈련들은 무엇보다 끈기를 가지고 집중하여 연습할 때, 그만큼 비례한 결과를 보여주게 될 것입니다. 그럼 이제부터 '운동 학습 3단계'를 통해 앞으로 체득하게 될 발성 훈련 과정이 어떻게 교차하는지 상세히 알아보겠습니다.

〈운동 학습 3단계〉

초급자 - 긴장

중급자 - 이완

고급자 - 효과적인 긴장

여러분들 중 어떤 종목이건 오랜 기간 해 오던 운동이 있나요? 거창한 종목의 운동이 아니더라도 하물며 줄넘기나 자전거 타기도 괜찮습니다. 그 운동을 처음 접하고 시작하게 되었을 때, 우리 몸이 어떻게 반응하였는지 기억이 날까요? 모르긴 해도 동작 하나하나 모두 어색해 긴장했을 겁니다. 이 단계가 바로 처음 접하는 운동에서 누구나 겪게 되는 '초급자의 단계'이죠. 예를 들어 이 초급자 단계에서 어떠한 표면을 가격한다고 하였을 때, 긴장된 몸에서 나온 힘은 물체의 '표면'에까지만 전달됩니다. 이를 한자로는 '力(력, 힘)'이라 하고 영어로는 'hit(때린다)'라고 표현하죠. 그렇게 처음 접하는 낯선 몸동작을 하다 보면, 지도하시는 코치님들의 입에서 한 번쯤은 이런 이야기가 나오게 되죠. "자세를 바로 하면서 몸에 힘을 좀 더 빼보세요!" 우리도 그래야 한다는 걸 잘 알고 있지만 마음처럼 쉽지는 않습니다. 해당 운동에서 요구되는 바른 자세를 끊임없이 반복하고 충분히 체화해 나갈 때, 비로소 조금씩 초급자 때의 어색하고 불필요한 긴장이 점차 사라지게 됩니다.

그리고 능숙하고 유연한 동작을 쓸 수 있게 되는 단계가 올 겁니다. 이때가 바로 '이완의 단계'이며 '중급자의 단계'라고 합니다. 모든 운동 종목이 그렇겠지만, 말하기와 노래하기 발성 지도에 있어서도 이완의 중급자 단계를 가장 중요하게 다루며 지도합니다. 그 이유는 올바른 고급자 단계는 바로 이 이완 단계에서 발현되기 때문입니다.

마지막 '고급자의 단계'는 과연 어떤 경지를 말하는 걸까요? 운동 학습에서 마지막 단계는, 올바른 중급자 단계에서 얻게 된 '이완'을 바탕으로 자연스럽게 힘을 얻어내는 것을 의미합니다. 이러한 힘의 작용을 일컬어 '효과적인 긴장' 또는 '발현되는 힘'이라고 하며, 모든 종목의 고급자들에게서 볼 수 있는 모습이죠. 태극권과 같은 무술에서 고수들이 '發勁(발경)'이라 하여 유연한 몸동작에서 가공할 만한 파괴력이 나오는 것 역시 이와 같은 원리입니다. 이때의 힘은 어떠한 표면을 가격하였을 때 표면을 뚫고 지나가게 됩니다. 영어로는 'deliver(전달되다)'라고 하며 한자로는 '勁(경, 군세다)'이라 하고 부드러운 몸에서 나오는 힘을 뜻합니다. 하지만 어떤 종목의 고급자이건, 중급자 단계의 이완을 올바로 유지하지 못한다면 결국 초급자와 다를 바 없게 된다는 것을 새겨두어야 합니다.

그럼 발성 훈련과 교차해 설명해 보겠습니다. 대부분 노래를 처음 부를 때는 목과 몸이 잔뜩 긴장되었던 경험이 있을 겁니다. 이때는 자신감이 없어 너무 작게 부르거나 반대로 목이 터져라 큰 소리를 내며 노래를 부르는 시기로 '효율적인 발성'을 이해하기 어려운 '초급자의 단계'에 해당합니다. 그러나 같은 곡을 수없이 반복해서 가사와 멜로디가 익숙해지고 나면, 차츰 목과 몸의 긴장도 풀어지게 되죠. 그러면서 예전에 비해 많은 시간을 노래해도 목이 크게 불편하거나 힘이 들지 않는 때가 옵니다. 이렇게 반복된 체득으로 불필요한 긴장이 빠지게 되는 단계를 '중급자의 단계'라고 합니다. 하지만 이 단계에서 아직 원하는 음질과 음역, 테크닉을 활용하기 어렵습니다. 노래를 부를 때 목이 조금은 편해졌지만 약속된 밸런스를 지키는 것이 능숙하지 않아, 원하는 표현과 에너지를 내기에 어려움을 겪게 됩니다. 그래서 연습 과정에서 수없이 초급자 단계로 되돌아가기를 반복하기도 합니다. 하지만 포기하지 않고 자신의 목소리를 주의 깊게 알아차리면서 극복하다 보면, 힘을 빼야 하는 명확한 이유와 원리를 체득하게 되어, 보다 폭발적인 힘과 소리를 경험하게 됩니다. 하여 저음과 고음을 능숙하게 넘나들며 음악적인 테크닉을 활용할 수 있는 가능성을 부여받게 됩니다. 바로 이때부터가 '고급자의 단계'에 해당합니다.

결론으로, 우리는 몸의 근력을 사용하는 어떤 운동이나 행위에서건 보다 효과적이고 폭발적인 힘을 낼 수 있기를 소망합니다. 하지만 그 힘이 자신의 몸을 해치지 않게 하려면 반드시 힘을 쓰려는 '그곳'의 이완을 통해 그 힘이 제대로 발현될 수 있도록 반복 훈련을 해야 합니다. 혹 스스로가 고급자 단계에 있다고 생각할지라도 이완(몸의 이완, 마음의 겸손)을 소홀히 하면 한순간에 모든 것을 그르쳐 초급자로 회귀할 수 있으니, 항상 중급자의 겸손함, 비우고 덜어내는 마음으로 끝까지 훈련에 임하길 바랍니다.

2장

마인드풀 바디사운드의 4가지 핵심 요소

1

주의력

목소리와 마음은 하나로 연결되어 있습니다. 그래서 성공적인 발성 훈련을 위해서는 마음챙김을 기반으로 한 주의력을 적극 활용해야 합니다. 마음챙김 주의력은 우리의 몸을 평소보다 더 이완, 안정시켜 주기에 발성 훈련 시 발성기관과 보조 근육들의 협응성은 몇 배로 더 높아집니다. 다음 도표의 과정과 같이 주의력을 바탕으로 몸과 목의 이완, 안정을 발성 훈련에서도 유지한다면 몸의 이완 반응은 보다 효과적으로 나타나 건강하고 온전한 발성을 체험할 수 있게 될 것입니다.

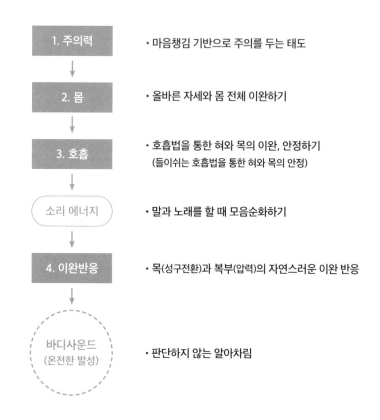

주의력은 무엇일까

누군가와 똑같이 배움을 시작하여도 사람마다 차이가 납니다. 이유는 배움 이전에 타고난 '몸과 마음'의 상태가 다르기 때문이죠. 이는 부정할 수 없는 명백한 사실입니다. 하지만 발성이 운동과도 같다고 하였듯이 발성 훈련을 하는 매 순간 얼마나 집중력을 갖고 임하느냐에 따라 그 결과는 타고난 근기를 넘어 크게 달라지기도 합니다. 그래서 본격적인 훈련에 앞서 발성 운동의 효율성을 높이기 위해 '주의력注意力'을 활용한 집중력 강화 훈련을 진행해야 됩니다.

발성 훈련에 필요한 '주의력'이란 발성기관에 대한, 발성기관을 향한 주의력을 의미합니다. 즉 자신의 몸 일부를 지속적으로 응시하는 훈련입니다. 또한 발성기관들의 협응성을 높이기 위해, 눈으로 직접 볼 수 없는 내부 기관들(허, 목 등)에 대해, 언이(가사)와 음정의 변화에 대해 지속적인 안정(모음 순화)을 취하려 '노력'할 것입니다. 여기서 말하는 '노력'이 바로 '주의력'을 의미합니다. 주의력은 목소리를 만드는 기본 구조인 호흡, 후두 그리고 목의 근육조직뿐만 아니라 몸속에서 일어나는 뼈와 근육들의 움직임들을 알아차리는 것입니다.

몸을 사용하는 많은 활동(종목) 중에 유독 '소리'는 성대와 호흡, 호흡 근력을 사용하면서 몸을 공명시켜 외부로 소리를 증폭시키는 특징을 가지고 있죠. 이때 몸이 울리면서 내부에서 느껴지는 소리의 감각들이 외부로 나가는 음질과 다르게 느껴지는데, 이로 인해 연습자는 발성기관들의 밸런스를 일정하게 유지하는 데 어려움을 겪게 되기도 합니다. 이러한 혼란과 어려움을 줄이는 데 주의력 강화 훈련이 큰 도움이 됩니다. 이를 통해 발성기관들에 대한 기능적 수행의 성취도가 높아지며 어떤 상황에서건 자기 조절self control 능력도 함께 높일 수 있습니다. 즉 안정되고 효율적인 발성기관들의 밸런스를 지속적으로 유지할 수 있게 됩니다. 또한 마음 근력과 발성을 동시에 단련하게 됩니다. 그럼 본격적인 훈련에 앞서 준비운동에 해당하는, 간단하지만 매우 중요한 주의력 강화 훈련을 시작해 보겠습니다.

마음챙김 기반 주의력 훈련

온전한 발성을 위한 마음챙김 기반 주의력 훈련법 세 가지를 소개하고자 합니다. 첫째는 집중 주의력 훈련, 둘째는 따뜻한 주의력 훈련, 마지막은 판단에서 자유로워지는 주의력 훈련입니다. 주의력 훈련으로 발성 훈련의 효과를 극대화할 수 있지만 이는 마음챙김 훈련의 극히 일부분에 불과합니다. 마음챙김 훈련은 우리 삶 전체에 영향을 주기 때문에 발성뿐 아니라 다른 모든 삶의 활동에 활용한다면 삶을 좀 더 풍요롭고 행복하게 만들 수 있습니다. 저 역시 그러했습니다. 무대에서 수년간 노래를 부르며 무대에서의 긴장감과 집중력을 통해 많은 경험과 깨달음을 얻었습니다. 하지만 무대가 아닌 편안한 상황에서의 훈련은 무대에서와 같은 집중이 형성되지 않았습니다. 그래서 마음챙김 주의력 훈련을 통해 보다 명료한 앎과 조절을 훈련함으로써 외부의 다양한 변화에서도 평정심과 몰입력을 유지할 수 있게 되었습니다. 이는 발성 훈련을 넘어 본인의 삶에까지 그 영역이 자연스레 확장될 수 있습니다.

첫째, 집중력을 강화하는 주의력 훈련입니다.

인간이면 누구나 가지고 있는 보편적인 능력인 주의력은 마음챙김 훈련을 통해 효과적으로 개발될 수 있습니다. 앞서 설명했듯이 마음챙김이란 "의도를 가지고, 현재 순간에, 판단하지 않고" 알아차리는 자각을 의미합니다. 마음챙김을 계발하면 효과적인 발성 훈련은 물론 자신을 돌보고 사랑하는 능력을 함께 키울 수 있게 됩니다. 자기 돌봄은 쉽게 말하면, 건강한 음식을 먹고, 피곤할 때 쉬고, 아플 때 약을 먹는 것처럼 우리가 이미 잘하고 있는 것들입니다. 하지만 스트레스를 받는 상황이라면 생각만큼 쉽지 않을 것입니다. 목소리에 대한 스트레스, 발성이 뜻대로 되지 않아서 생기는 스트레스 등 발성 훈련 과정에서 기대와 어긋남으로 발생하는 힘든 상황들이 많이 있습니다. 이런 스트레스 상황에서는 자동으로 불쾌한 신체감각이나 힘든 감정, 부정적인 생각들에 주의가 집중되면서, 결과적으로는 더 괴로워집니다. 또한 몸이 경직되어 효과적인 발성 훈련의 장애 요인으로 작용하기도 하죠.

이런 때 자신을 돌보기 위해서는, 주의를 일단 현재 순간으로 돌려 놔야 합니다. 가장 쉬운 방법은 바로 이 순간의 호흡에 집중하는 것입니다. 스트레스를 느낄 때 현재 순간의 호흡에 주의를 집중하면, 어떤 일이 일어날까요? 뇌과학 연구에 따르면 우리 뇌는 한 번에 한 가지 정보만 처리할 수 있다고 합니다. 그러므로 주의를 호흡에 두면, 그 순간 힘든 감정이나 부정적인 생각이 들어설 자리를 잃게 되고, 스트레스로 긴장했던 몸과 마음이 서서히 이완되기 시작합니다. 그러면 마음에 여유가 생겨나면서 불쾌한 신체감각, 생각, 감정에서 한 걸음 물러나서 지켜보는 능력이 커지게 되죠. 그러면

스트레스 상황에서 자기를 돌보는 가장 적절한 대응을 선택할 수 있게 됩니다. 즉 마음챙김을 통해 스트레스로부터 자신을 보호하고 돌볼 수 있을 뿐 아니라, 조금 더 차분하고 명료하게 스트레스에 대처할 수 있게 됩니다. 마음챙김 훈련을 통해 언제 어디서든지 발성을 위해 최적화된 몸과 마음의 상태로 전환할 수 있게 되는 것이죠.

특히 내 몸에 맞는 조화롭고 온전한 발성을 위해서는 통제된 이완을 유지해야 하는데 이때 가장 중요한 것이 마음챙김 알아차림입니다. 먼저 호흡을 들이쉬는 과정에서 혀와 목의 온전한 이완, 안정을 알아차리고, 이어서 소리를 낼 때에 이완된 혀와 목을 최대한 안정되게 유지하여 복부에 힘이 자연스럽게 들어오는 것을 주의 깊게 알아차려 봅니다. 이렇듯 생각과 감정에 휘둘리지 않고 평정심을 유지하며 훈련하기 위해서는 발성이나 노래하는 중에도 알아차림을 지속해야 합니다. 지속적으로 집중하는 능력을 개발하기 위해서는 마음챙김 기반의 집중 주의력 훈련을 꾸준히 할 것을 권장합니다.

둘째, 집중력을 강화하는 따스한 주의력 훈련입니다.

첫 번째로 호흡에 주의를 기울여서 알아차리는 연습을 했다면 두 번째는 집중력 훈련의 가장 중요한 부분이라고 할 수 있는 '주의를 기울이는 방식'에 대해서 연습해 보겠습니다. 우리가 대상에 주의를 둘 때, 비평가처럼 냉정할 수도 있고 아이를 보살피는 엄마의 손길처럼 따뜻하고 친절할 수도 있습니다. 그런데 만일 누군가가 비평가처럼 냉정하고 날카롭게 분석하듯이 여러분에게 주의를 기울인다면 어떤 느낌이 들까요? 아마도 긴장하거나 위축되거나 불편함을 느낄 것입니다. 반대로 엄마가 아픈 아이를 보살피듯이 부드럽고 친절하게 주의를 기울인다면, 우리는 긴장이나 애씀을 내려놓고 더 안정되고 열린 마음으로 주의를 집중할 수 있게 됩니다.

발성을 할 때 다양한 신체 부위가 활용됩니다. 발성하는 과정에서 각 신체 부위에 따뜻한 마음으로 주의를 기울이게 되면 효과적인 이완이 가능해집니다. 몸이 편안하게 이완되면 우리가 가지고 있던 원래 온전한 목소리를 낼 수 있는 상태로 훨씬 쉽게 전환할 수 있게 됩니다. 이처럼 몸과 마음의 조화를 통해 자신에게 최적화된 발성이 이루어지는데, 가장 중요한 것은 자신의 몸과 마음에 대한 보살핌입니다. 평소 시간이 있을 때 몸 전체를 대상으로 따스하고 친절한 방식으로 주의를 기울이는 연습을 해 보시기를 권장합니다. 시간이 부족하면 소리에 대한 감각과 판단보다는 발성하는 기관의 이완, 안정된 밸런스에 집중하여도 좋습니다.

셋째, 판단에서 자유로워지는 체화된 주의력 훈련입니다.

두 번째 훈련에서 우리는 늘 수고하는 몸에 친절한 주의를 기울여서 신체 감각을 알아차리는 연습을 했습니다. 세 번째 훈련은 친절한 주의력이 익숙해져서 자연스럽고 자유롭게 몸에서 배어 나오게 되는 것입니다. 이것을 체화된 주의력이라고 합니다. 발성 훈련을 하는 과정에서 우리가 얼마나 많은 판단을 하는지 자각을 하고,

그 판단에서 자유로워지는 연습을 해 보아야 합니다. 왜냐하면 '있는 그대로' 현상(소리에 대한 느낌)을 바라보고 비판단적으로 본질적인(발성기관들의 기능적인 약속) 부분을 조율해 나가야 하기 때문입니다.

실제로 발성 훈련 과정에서 수많은 판단을 하게 됩니다. 소리에 대한 느낌이 좋다-싫다, 옳다-그르다 하는 평가를 거의 자동적으로 내리게 되죠. 그런데 모든 판단이 우리를 효과적인 발성으로 이끌지는 않습니다. 예를 들어 "나는 너무 부족해." 또는 "역시 나만 안 되는 건가."라는 주관적인 판단을 사실로 믿는다면, 이후 겪게 될 일들은 그 판단에 사로잡혀 해석될 확률이 높습니다. 그러면 상황을 지나치게 부정적으로 해석하거나, 다가오는 좋은 기회를 포기할지도 모르죠. 이렇게 판단하는 것은 누구나 겪는 자연스러운 일이지만, 첫 번째와 두 번째에서 배운 알아차림과 친절한 주의력을 활용하여 판단이 일어나는 것을 자각하고, 생각과 감정에 사로잡히지 않을 수 있습니다. 자신에 대해 혹은 남에 대해 어떤 판단을 내리게 되더라도, 그 판단에 사로잡히지 않을 마음챙김의 힘이 체화되어 있다면, 발성 훈련은 한결 쉽고 편안해질 것입니다.

온전한 발성을 위한 주의력 훈련

편안하고 조용한 곳을 찾아 앉습니다. 등과 허리를 곧게 편 다음 가볍게 힘을 뺍니다. 어깨도 편하게 늘어뜨려 봅니다. 먼저 주변을 천천히 둘러보며 지금 자신이 머물러 있는 공간을 구체적으로 느껴봅니다.

첫 번째 단계는 편안한 호흡과 함께 몸을 이완하는 훈련입니다.

호흡을 깊이 들이쉬고 후~ 하고 내쉬면서 동시에 몸을 편하게 이완해봅니다. 이번에는 다시 호흡을 깊이 들이쉬고 내쉬면서 호흡이 빠져나감과 동시에 상체의 체중이 의자와 맞닿아 있는 좌골에 실리는 걸 느껴봅니다. 마지막으로 다시 한번 깊이 들이쉬고 내쉬면서 몸의 이완과 함께 얼굴이나 상체, 복부에 긴장된 곳은 없는지 두루두루 살펴봅니다. 그럼 마치 목각인형에 실을 매달아 놓은 듯, 골격은 바르고 외부 근육들은 편하게 이완된 것을 느낄 수 있습니다.

두 번째 단계는 의도적 이완을 위한 주의력 훈련입니다.

먼저 고개를 살짝 들고, 턱의 힘을 빼면서 입을 살짝 벌립니다. 이때 의식의 초점을 이완된 혀와 목, 턱 상태에 둡니다. 그리고 호흡을 들이쉴 때 혀와 목이 그대로 안정되고 있는지 살펴봅니다. 자신이 낼 수 있는 편안하고 낮은 소리로 한숨을 내쉬듯 '하아~' 하고 목소리를 가볍게 내어 봅니다.(3초가량) 소리가 진동하면서 느껴지는 안정된 목의 느낌에 지속적으로 주의를 둡니다. 이와 같은 방식으로 다시 호흡을 들이쉬고 동시에 혀와 목을 편하게 한 후 '하~' 하고 3초가량 반복해서 편안한 소리를 내어 보세요.(3회 이상)

  * 첫소리를 너무 크거나 명확하게 내려고 하지 마세요. 또한 의도적으로 굵고 낮은 소리를 내려고 하면 목의 편안한 안정을 느끼기 어렵습니다. 그러니 정말 공기 반 소리 반으로 오직 혀와 목의 온전한 상태만을 느껴보세요.

  세 번째 단계는 몸의 반응을 알아차리는 단계입니다.
  먼저 눈앞에 큰 촛불이 있다고 상상해 보세요. 이 촛불을 단 한 번에 끈다고 생각하고 불어봅니다. 숨을 깊이 들이쉬고 힘차게 후~ 하고 길게 불어봅니다. 다시 한번 숨을 깊이 들이쉬고 힘차게 후~ 하고 불어보세요. 후~ 하고 불 때마다 복부가 어떻게 반응하고 긴장하는지 알아차려 봅니다. 자신이 직접 복부에 힘을 주고 호흡을 불어낸 것인지 아니면 자연스럽게 복부의 힘이

따라온 것인지도 살펴보세요. 이런 연습을 몇 번 더 하면서 복부의 반응을 알아차려 봅니다.(15초)

이제 실습을 마무리하겠습니다. 지금까지 안내해드린 훈련 과정은 온전한 발성을 위한 기초 주의력 훈련입니다. 살아 있는 악기인 우리의 몸을 사용하는 것이니, 발성 전에 안정과 주의력을 높이기 위해 훈련해볼 것을 추천합니다.

주의력 훈련 효과

한국 피겨 스케이트의 여왕 김연아 선수의 아름다운 연기를 보고 있노라면 그 누구라도 감탄하고 감동받을 겁니다. 이처럼 세계적인 스포츠 스타들의 경기 모습을 보면 흥미롭게도 공통점이 있는 것 같습니다. 그들은 누구보다 경기에 몰입하고 있으며, 그 경기를 온전히 자기의 것으로 이끄는 강력한 힘을 가지고 있는 것만 같았죠. 여러분들도 공감하실 겁니다. 그렇다면 과연 "저들은 어떤 방법으로 훈련했기에 남들과 다른 탁월한 실력을 갖출 수 있었을까?" 하는 강한 궁금증이 생기더군요.

공부를 하는 학생들의 학업 성취도에서도 비슷한 의구심을 가지게 됩니다. 같은 선생님 밑에서 함께 열심히 공부를 하는데, 왜 유독 높은 성적을 유지하는 친구들이 있는 것일까요? 과외를 받아서? 기초가 다른 친구들보다 더 튼튼해서? 타고난 머리가 좋아서? 물론 이러한 부분들도 무시할 수는 없겠지만, 네덜란드 라이덴 대학의 베엔만 교수의 연구 결과에 따르면, "IQ는 25% 정도만 성적에 영향을 주고 메타인지가 40% 정도의 영향을 준다."라고 합니다.

여기서 '메타인지'란 자신을 객관적으로 볼 수 있는 능력을 말합니다. 즉 내가 아는지 모르는지를 정확히 파악하고 부족한 부분을 보완하기 위해 구체적인 계획과 실행 과정을 조절하는 한 차원 높은 시각에서의 정신 작용을 의미합니다. 그래서 메타인지가 높다는 것은, 자신이 아는 것과 모르는 것이 무엇인지를 알고 있기 때문에 장점은 극대화하고 단점은 최소화하도록 학습 및 훈련 전략을 자발적으로 창조해 낼 수 있는 능력이 높다는 의미입니다. 그러므로 운동이든 학습이든 자신에 대해 분명히 알고 개선하려는 자기 성찰과 같은 알아차림이 있을 때 비로소 남들보다 더 나은 결과를 얻을 수 있습니다. 무조건 학원에 오래 앉아 있다고 해서, 남들처럼 무조건 열심히 반복 훈련을 한다고 해서 실력이 향상되지는 않는다는 것이죠. 그렇다면 이 메타인지는 어떻게 하면 높일 수 있을까요?

다양한 방법이 있을 수 있겠지만, 앞선 주의력 강화 훈련처럼 자기 응시를 통한 자기 몸의 객관적 관찰로 개발할 수 있습니다. 주의력 훈련을 통한 메타인지 능력 향상은 발성 훈련에 있어서도, 공부를 하는 학생의 학습 성취도를 위해서도, 운동을 하는 운동선수에게도 대단히 중요한 훈련이라고 할 수 있습니다. 제가 실제 레슨을 할 때, 자신 몸에 대한 자각과 집중에 어려움을 겪는 사람들에게 이런 주의력 훈련(강의 초반에 몸을 푼다고 하면서)을 가볍게 실시하거나 훈련 중간중간 질문을 던져서 자신이 무엇을 통해 그런 소리가 나오고 있는지 본질(기능적 약속)을 놓치지 않도록 주의를 내부로 돌리게 합니다. 그러면 발성기관에 대한 알아차림과 조절이 이전보다 훨씬 수월해지면서 레슨에 대한 몰입도도 월등히 높아지는 것을 확인할 수 있습니다. 이 책을 보고 혼자 연습하는 여러분들도 발성 훈련 전에 몸을 풀어주면서 자신의 몸을 관찰하며 주의력 훈련을 통해 보다 효율적인 발성 연습을 체험해 보시길 바랍니다.

주의력 훈련을 통한 메타인지가 높아지면, 이전에 비해 사물과 현상을 바라보는 시각이 보다 객관적으로 바뀌게 되면서 내적으로는 마음이 차분해지고 집중력이 좋아짐을 느끼게 됩니다. 또한 몸의 내, 외부에서 일어나는 갈망과 혐오와 같은 생각, 감정이 떠오르는 순간 그 자체를 왜곡하거나 증폭하지 않게 됩니다. 있는 그대로를 자각함으로써 즉각적인 '반응'이 아닌 '조절'을 통한 현명한 판단을 할 수 있는 마음의 힘까지 생기게 되는 것이죠. 이러한 효과는 앞으로 하게 될 발성 훈련과 더불어 심인성(신경성) 발성 질환에 의한 발성장애의 치료에도 도움을 주게 됩니다.

2

몸 올바로 준비하기

　몸 올바로 준비하기란, 발성 훈련을 시작하기 전 자세 교정과 함께 다양한 방법으로 불필요한 긴장들을 풀어주어 발성기관들의 효율적인 작용을 준비하는 것을 말합니다. 발성 훈련을 하거나 노래를 할 때, 우리의 몸은 마치 살아 있는 악기와도 같습니다. 악기 본연의 소리를 잘 내기 위해서는 악기를 구부린 채 연주해서는 안 되겠죠. 그러니 우리의 몸이 악기라고 한다면 온전한 목소리를 내기 위해선 무엇보다 '올바른 자세'가 중요할 것입니다. 여기서 올바른 자세란, 남에게 보이는 그럴듯한 자세가 아니라 발성에 필요한 기관 및 근육들의 효율적인 작용들이 원활히 이루어지는 자세를 의

미하는 것이죠. '골격'은 바로 하고 '근육'은 이완하여 몸의 중심이
자연히 아래로 향하는 것을 의미합니다.

올바른 자세 교정

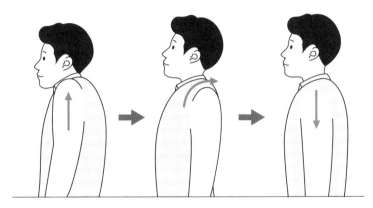

자세 교정을 위한 어깨 돌리기

첫째, 앉아 있거나 서 있을 때 모두 허리를 바로 합니다. 가슴은
활짝 편 후에 편하게 내려놓아 주세요. 양어깨는 귀 쪽으로 한껏 치
켜들었다가 뒤로 젖히면서 아래로 툭 떨어트립니다.

둘째, 턱의 위치인데, 턱이 지나치게 앞으로 빠져나온 거북목이
거나 반대로 턱을 지나치게 가슴으로 당길 경우 목이 압박을 받기
때문에 발성기관들의 유기적인 작용이 저하되어 목 조임이 쉽게

일어날 수 있으므로 주의해야 합니다.

요즘에는 핸드폰 보는 시간이 길어지면서 거북목으로 자세가 틀어진 분들이 상당히 많습니다. 간단하게 거북목 자세를 교정하는 방법으로는, 벽에 등과 머리를 밀착하듯 기대어 교정하는 방법과 아래 그림과 같이 머리에 책을 올려놓는 방법이 있습니다. 귀와 어깨선이 정렬되도록 해 보세요. 그리고 책이 떨어지지 않도록 조금씩 걷거나 움직여 보세요. 그렇게 되면 허리는 바로 서고 가슴은 활짝 편 상태로 턱이 후두를 압박하지 않는 올바른 자세와 턱의 위치

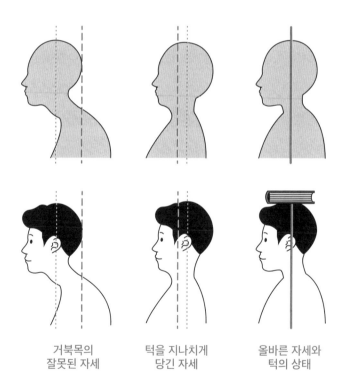

거북목의
잘못된 자세

턱을 지나치게
당긴 자세

올바른 자세와
턱의 상태

가 준비될 것입니다. 턱의 위치가 바르면 몸의 균형이 절묘하게 유지되어 중심이 흔들리지 않고 안정되고, 자세가 좋아지는 동시에 본래 지닌 힘을 충분히 발휘할 수 있게 됩니다.

목 주변 근육 풀어주기

발성 훈련을 할 때 가장 많이 사용하며 가장 쉽게 피로해지는 곳은 목입니다. 엄밀히 말하면 후두 안에 있는 성대인데, 성대를 직접 만질 수는 없으므로 후두를 감싸고 있는 후두 주변 근육들을 연습 전과 후에 풀어주어야 합니다.

첫째, 편안한 의자에 앉아서 시선은 정면을 바라본 상태로 고개를 위, 아래, 좌, 우 혹은 머리로 둥글게 원을 그리듯 천천히 움직여 목 주변 근육을 풀어보겠습니다. 만일 일어선 상태에서 고개를 풀어줄 경우 어지럼 증상으로 휘청거릴 수 있으니, 눈을 뜨고 진행하거나 안전하게 기댈 수 있는 벽 옆에서 진행해주세요.

둘째, '목(후두) 마사지'입니다. 다음 페이지 그림처럼 자신의 목 주변 근육들을 손을 이용해 3가지 방법으로 풀어주세요. ① 갑상연골 위의 부드러운 부분을 엄지와 중지로 가볍게 잡고 원을 그리듯 마사지해주세요. ② 설골*이 있는 턱 아래를 앞선 방법과 동일하게

* 아래턱뼈와 후두 방패연골 사이에 위치하는 말발굽 모양의 뼈.

마사지합니다. ③ 귀 뒤에서 대각선으로 이어지는 근육(흉쇄유돌근)을 양쪽 모두 위에서 아래로 천천히 마사지해줍니다. 참고로 후두 마사지는 음성의 장애 완화에도 큰 도움이 됩니다.

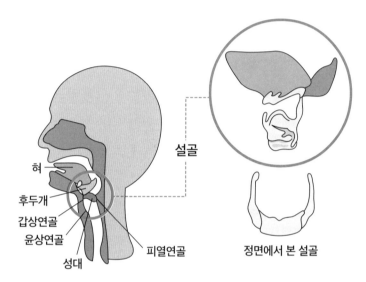

설골의 위치와 생김새

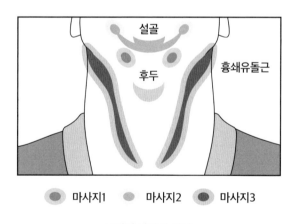

부위별 마사지 지점

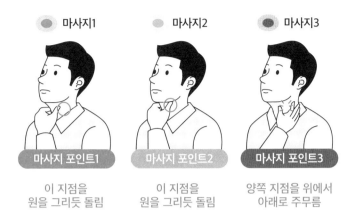

마사지1	마사지2	마사지3
마사지 포인트1	**마사지 포인트2**	**마사지 포인트3**
이 지점을 원을 그리듯 돌림	이 지점을 원을 그리듯 돌림	양쪽 지점을 위에서 아래로 주무름

몸 전체 이완해주기

마지막으로는 몸 전체의 이완을 위한 최종 단계입니다. 이 과정은 시간적 여유가 있을 때 하는 방법과 시간적 여유가 없을 때 하는 방법 두 가지로 소개하겠습니다.

시간적인 여유가 있을 때는, 몸을 전체적으로 스캔(살피다)하는 이완 방법입니다. 만일 주변 환경이 가능하다면 바닥에 편하게 누워서도 한 번쯤 해 보길 권해드립니다. 자! 그럼 잠깐 시간을 내어 같이 실습을 해 보면 어떨까요? 먼저, 허리를 바르게 펴고 앉아 어깨를 편하게 늘어트린 상태로 눈은 감아도 좋고 떠도 좋습니다. 눈을 뜰 경우 시선은 아래쪽으로 편하게 떨궈주세요. 그리고 몇 차례 심호흡을 통해 몸과 마음의 긴장을 풀어줍니다. 이완을 위한 심호흡이 끝났다면 이제 머리끝 정수리에서부터 이마, 얼굴, 목, 가슴,

배, 양팔 그리고 양쪽 다리 순서로 자신의 몸을 살피듯이 천천히 주의를 보내봅니다. 이때 가볍게 미소를 지어보며 한 지점 한 지점 주의가 머무는 동안 편안한 마음으로 이완해 보세요. 어느 순간 다른 생각이 떠오를 수 있습니다. 그럴 때 그 생각을 알아차리고 부드럽게 흘려보내도록 하세요. 그리고 다시 몸 한 곳 한 곳 주의를 보내봅니다. 그럴수록 몸은 진정되며, 호흡은 차분해질 것입니다. 시간은 2분 정도면 충분합니다. 바디스캔body scan이라고 불리는 이 방법 외에도 들숨과 날숨 호흡에 집중하는 방법도 의식이 지금 이 순간에 명료하게 머물 수 있도록 도와서 몸과 마음을 편안하게 이완시켜 줍니다.

시간적 여유가 없을 때 몸을 이완하는 방법에 대해 소개하겠습니다. 평소 생활할 때 몸의 긴장 상태를 100이라고 합시다. 그런 다음 과감하게 50 정도의 긴장을 풀어보세요.(50 이완하기) 그럼 나머지 50 정도의 긴장이 남아있겠죠. 이쯤만 되어도 몸과 호흡이 편안해지는 걸 느낄 수 있습니다. 그리고 남은 50에서 30의 긴장을 더 풀어줍니다.(30 이완하기) 그럼 더욱 호흡은 가늘어지고 몸이 진정되는 것을 느낄 수 있게 되죠. 여기서 마지막 남은 20의 긴장을 다 풀어버린다면 바닥에 누워버리게 됩니다. 그래서 나머지 10의 긴장만을 조심히 빼봅니다. 자세가 흐트러지지 않을 정도만 남겨두고 모두 이완하게 됩니다. 그럼 마치 목각인형의 머리에 실을 묶어 위에서 잡아당기듯 허리의 골격은 바로 하되 모든 근력은 이완됩니다. 일어서 있을 경우는 발바닥에 모든 체중이 집중이 되며, 앉아 있을 때는 의자나 바닥과 맞닿아 있는 허벅지나 좌골에 무게 중심이 내려가게 됩니다. 이 과정을 반복하다 보면 몸을 살피고 이완하는 방식에 익숙해져 주의력 훈련에도 도움이 됩니다.

3

호흡

제 강의의 핵심은 온전한 발성을 위한 혀와 목의 이완, 안정(모음 순화)입니다. 이러한 이완, 안정을 실제 발성 훈련에 적용할 수 있는 유일한 시작은 바로 '첫 숨'의 순간입니다. 즉 호흡을 들이쉬는 순간 혀와 목을 안정시켜야 비로소 이를 유지하며 발성을 할 때 온전한 발성이 시작되기 때문이죠. 특히 노래하는 연속적인 발성 훈련에서는 더욱 첫 숨의 중요성이 강조됩니다. 첫 숨과 첫소리가 올바른 발성의 첫걸음이면서 가장 핵심이 되는 훈련이니 필히 참고하여 연습해주길 바랍니다.

발성 훈련에서 가장 중요하게 다뤄야 할 것은 단연 호흡(법)입니다. 호흡은 의식적으로 조절하지 않아도 자동적으로 이루어지지만 때에 따라 의식적인 조절을 통해 필요에 따른 효과를 기대할 수도 있죠. 일반적으로 발성 훈련에 호흡이 중요하다고 보는 이유는 소리를 내는 데 필요한 원동력으로써 바라보는 시각 때문입니다. 저의 경우 호흡이 그러한 작용을 시작하기 전, 호흡(들숨) 시 발성기관들의 준비와 재정비를 더 중요하게 강조하고 있습니다. 이는 쉼의 구간을 단순히 숨을 들이쉰다는 'rest(rest through breathing)'의 공간으로 보지 않고 다음 소리를 위한 준비 단계인 'ready(prepare through breathing)'의 시간으로 활용한다는 것을 의미합니다. 다른 예로 이해해 보자면, 공은 누구나 쉽게 던질 수 있지만 보다 완급을 조절하며 효율적으로(투수처럼) 던지기 위해서는 던지기 이전의 예비동작(와인드업)을 교정해야 하는 것과도 같은 이치입니다.

만일 가창에 있어 이를 깨닫거나 올바로 습득하지 못한 채, 첫 숨(쉼표 구간)에서 다음 소절의 기능적 대비에 소홀하게 된다면, 점차 호흡과 소리 모두 극적인 펌프질과 같이 외부의 불필요한 긴장들이 동반된(소진된 형태) 상태로 호흡 근육의 탄력성을 잃게 됩니다. 이는 결국 발성기관들의 온전한 밸런스를 무너트려, 장시간 발성 시 우리 목에 다양한 유성적 문제를 야기할 수 있습니다.

지금부터 시작하게 될 호흡법 훈련은 들숨법과 날숨법을 따로 나누어서 진행할 예정입니다. 들숨 훈련에서는 본래 우리의 자연스러운 호흡을 되찾기 위해 두 가지 자세(이완)를 통해 교정이 진행되고 이 기본적인 호흡법을 바탕으로 가창을 위한 다소 색다른 호흡법까지 훈련해 볼 것입니다. 그러니 가급적 순서대로 호흡법을 익혀 나가길 바랍니다.

들숨 연습

소리를 내기 전 의식적이건 무의식적이건 호흡을 들이쉬게 되죠. 하지만 지금부터의 훈련은 분명 의식적으로 주의력을 발휘하여 숨을 들이쉬어야 하는 훈련입니다. 효율적인 발성을 하기 위해 말과 노래에서 반드시 요구되는 발성기관의 준비, 재정비 과정이라고 생각하면 좋을 것 같습니다. 호흡법의 훈련 방식은 말하는 목소리 개선과 가창 발성을 위한 기초 호흡법으로 자연스럽고 편하게 들이쉬는 호흡 calm breathing에서부터 가창에 필요한 빠른 호흡quick breathing 방식까지 훈련하게 될 것입니다. 들이쉬는 호흡 방식은 우리가 익히 잘 알고 있는 복식호흡*의 방식을 따르고 있습니다. 복식호흡을 쉽게 이해하려면 편안한 자세로 호흡법을 익히는 것이 좋습니다. 누워서 하는

---

* 발성 훈련에 있어서도 효과가 크지만 복식호흡은 건강에도 대단히 효과가 있다. 복식호흡을 해부학적으로 표현해 '횡격막 호흡법'이라고도 하는데 폐기(흉강)와 소화기(복강)를 가로막는 횡격막을 적극 활용하는 호흡법이다. 들숨 시 횡격막이 아래로 수축되면서 복부의 소화 장기를 밀어내고 복압이 생기면서 외부적으로 보이는 복부 형태로 인해 '배로 호흡하라'와 같은 표현을 사용한다. 호흡에 능숙한 사람들은 복부뿐만 아니라 등까지 불러오게 되고 이 형태가 척추를 중심으로 마치 '고리'처럼 불러온다고 하여 '고리식 호흡'이라고도 일컫는다.

방식과 일어서거나 의자에 앉아서 몸을 앞으로 구부려 호흡하는 Rag Doll 호흡법 두 가지를 안내할 예정입니다. 가능하다면 이 두 가지 모두 연습해 보길 바랍니다.

〈말하는 목소리 교정을 위한 편안한 호흡법calm breathing〉

* 바닥에 누워서 하는 호흡법

처음에 실시하게 될 복식호흡 방식은 바닥에 등을 대고 편하게 누운 상태에서 시작하겠습니다. 이때 무릎은 90도로 굽힌 상태로 만들어주고 한 손은 복부에 다른 손은 가슴에 올려놓아 주세요. 호흡을 하는 과정마다 몸을 잘 살피면서 어떻게 반응하는지 주의 깊게 관찰해 보세요.

1. 호흡呼吸의 본래 의미가 '부를 呼(호), 마실 吸(흡)'이죠. 그러니 올바른 들이쉼을 위해 우선 내쉬는 것부터 해 보겠습니다. 심호흡을 하듯 깊이 들이쉰 후, 내 몸에 있는 호흡을 '후~' 하고 모두 내쉬어 소진해봅니다. 이때 복부 위에 올려놓은 손이 아래로 내려가는지 관찰해 봅니다.

2. 다시 숨을 들이쉴 때는 입을 열지 않고 코로 들이쉬어 주세요. 코를 통해 들어오는 산소가 항문까지 내려간다는 생각으로 깊이 들이쉽니다. 이때 복부는 복압을 통해 위로 부풀어 올라와 있을 것이며, 가슴에 큰 움직임은 없는지 살펴보세요.

3. 2번 과정에서 들숨이 더 이상 들어오지 않는 들숨의 끝(호흡 정지선)에 다다랐다면 입을 통해 편하게 호흡을 내쉬어주세요. 그리고 다시 2번 순서로 돌아가서 반복하여 연습해주세요.

＊상체를 숙여서 하는 헝겊 인형rag doll **호흡법**

이 호흡법은 명칭 그대로 골격이 없는 헝겊 인형처럼 상체를 앞으로 숙이고 몸을 이완한 상태로 호흡을 하면 됩니다. 두 발로 일어선 상태와 의자에 앉은 상태에서 모두 연습이 가능하므로 두 자세 모두 체험해 보고 자신에게 더 효과적이거나 상황에 맞는 방식을 선택해 보시길 바랍니다.

서 있는 상태에서 호흡을 진행할 경우에는 오른쪽 페이지 〈1〉 그림처럼 상체를 앞으로 숙인 상태에서 두 팔을 아래로 축 늘어뜨려 복부를 편안하게 이완해줍니다. 앉아서 연습할 경우에는 〈2〉 그림처럼 앉은 상태에서 상체를 앞으로 숙여 양 무릎 위에 양쪽 팔꿈치를 올린 채 복부를 편안하게 이완시켜 줍니다.

두 가지 자세 중 하나를 선택하였다면, 앞서 누워서 호흡 연습을 했던 방식과 동일하게 진행하면 됩니다. 호흡을 후~ 하고 모두 내보낸 후 숨이 모두 빠져나왔다면 코로 숨을 깊이 들이쉬어 주세요. 숨이 더 이상 들어오지 않는 호흡 정지선에 도달했을 때, 천천히 호흡을 내보내주면 됩니다. 이런 자세로 호흡을 깊이 들이쉬면 여타의 호흡법보다 복부가 더 부풀고 등 쪽 허리까지도 부풀어 오르는

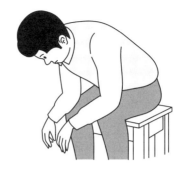

① 선 상태에서 Rag doll 호흡법   ② 의자에 앉은 상태에서 Rag doll 호흡법

것을 느낄 수 있을 겁니다. 숨을 들이쉴 때 흉부가 부풀어 오르고 어깨가 들썩이는 흉식호흡*을 하는 분들의 경우, 헝겊 인형 호흡법이 큰 도움이 될 것입니다.

헝겊 인형 호흡법의 원리는 매우 간단합니다. 복부/복벽근막 fascia of abdominal wall과 횡격막은 '상호 작용근'으로 서로 연결되고 상호 간의 지배와 도움을 주고받으며 긴밀하게 연결되어 있죠. 횡격막이 아래로 확장되기 위해서 복부의 긴장이 최소화되어야 하므로, 복부 이완을 위해 바닥에 편하게 눕거나 몸을 앞으로 숙이는 동

• 복식호흡과 반대로는 흉식호흡이 있는데, 복부가 아닌 가슴이 위로 치켜 올라가는 호흡이다. 대흉근이나 늑골근 등 갈비뼈 위쪽의 근육을 사용하게 되어 횡격막의 움직임이 적어 폐 내로 유입되는 공기량이 적어지면서 일시적으로는 교감신경이 활발해지면서 정신이 깨이는 듯해진다. 하지만 흉식호흡의 반복은 인체를 과도하게 항진시켜 신체 밸런스를 무너뜨리고, 발성 시 목뒤, 어깨 등에 스트레스 호르몬이 분비되면서 결국 목에까지 악영향을 미치게 된다.

작만으로도 들숨 시 횡격막이 아래로 확장되어 깊은 호흡과 복부 팽창을 느끼게 됩니다. 여기서 한 가지 주의해야 할 것은, 가끔 발성 훈련에서도 이 깊은 호흡의 느낌을 유지하기 위해 구부정한 자세로 연습하는 경우가 있습니다. 그럴 경우, 복벽근막의 긴장으로 발성에서 요구되는 복부 압력을 통한 횡격막의 탄성 회복 작용 등에 문제가 발생할 수 있으니, 호흡법이 익숙해졌다면 점차 몸의 각도를 바로 세우면서 바른 자세로 연습을 마치는 것이 좋습니다.

즉 완전히 앞으로 숙인 자세로 먼저 호흡을 연습한 후, 다음에는 가볍게 인사하듯 45도 각도로 몸을 세워서 연습해봅니다. 그리고 최종적으로는 허리를 바르게 한 상태로도 그와 같은 흐름의 호흡이 이루어지고 있는지 확인하는 것이죠. 물론 앞으로 숙일 때만큼의 깊은 호흡의 양이 아닐 수 있지만 반복하다 보면 분명 유사한 느낌으로 바뀔 수 있습니다.

지금까지 말하기에 필요한 기본적인 복식호흡을 훈련했습니다. 이제 들숨 훈련의 마지막으로 가창을 위한 호흡법을 익혀 보겠습니다. 앞선 기본적인 호흡법이 기초가 되어야 하니, 충분히 연습한 후에 다음 과정으로 진행해주시길 바랍니다.

⟨**가창을 위한 빠른 호흡법**quick breathing⟩

노래를 부를 때 들이쉬는 호흡은 바로 이어질 소리와 직결됩니다. 그렇게 나온 소리는(좋든 좋지 않든) 바로 다음 호흡에 또다시 영향을 주게 되죠. 마치 연쇄작용을 일으키는 도미노처럼 말이죠. 그렇기에 쉼표 구간에서의 들숨(단 한 번의 숨조차)은 '양'보다 '질'이 중요합니다. 이완과 안정될 곳을 돕고 수축과 긴장될 곳은 촉진하는 것. 이것이 바로 연속된 가창에서 우리 몸의 탄성 작용을 효과적으로 활용하려는 적극적인 행위이자 올바른 호흡의 '질'인 것이죠. 그러니 가창에서의 쉼(들이쉼)은 다음 소리를 위한 악기(발성 관련 기관)의 재정렬이라고 할 수 있습니다.

그래서 앞선 편안한 호흡법에서는 코로만 호흡을 들이쉬었다면, 지금부터 진행하는 가창 호흡법에서는 입으로 호흡을 들이쉬게 됩니다. 이 부분에서 의견이 분분할 수 있지만, 현실적인 가창 상황에서 항상 코로 들이쉬는 것에는 한계가 있습니다. 물론 가창 시 쉼의 구간이 여유로운 상황이라면 코로 들이쉬어도 좋습니다. 하지만 가창 시 반박의 8분 쉼표가 많기 때문에 기초 복식호흡을 익힌 후에는 입으로 들이쉬며 혀와 목의 안정을 준비(다음 소리를 위한 준비 단계)합니다. 입으로 들이쉬는 과정에서 혀와 목을 주의 깊게 내려놓게 되면, 입으로만 호흡이 들어오지 않고 대략 70%는 입으로 30%는 코로 자연스럽게 숨을 들이쉬게 됩니다. 즉 입과 코로 동시에 숨을 들이쉬는 것이죠. 더불어 자연스럽게 복식호흡이 이루어지기 때문에 깊고 탄력적으로 다음 소리를 준비할 수 있습니다.

① 들이쉬는 순간 엄지를
　입안 중앙으로 넣어준다.

② 엄지를 입으로 가볍게 문체
　호흡을 빠르게 끌어당긴다.

　먼저 가창을 위한 호흡을 시작할 때에 몸 전체를 충분히 이완한 후 시작 전 호흡을 후~ 하고 내쉰 후에 들이쉬는 호흡을 시작해 보세요. 자! 그럼 〈1〉의 그림처럼 들이쉬는 과정에서 동시에 엄지손가락을 입안으로 넣어봅니다. 그때 혀와 목이 가볍게 아래로 내려가며 입안의 공간이 편안하게 형성되는지 주의 깊게 관찰해 보세요. 동시에 복식호흡이 이루어지면서 빠른 들숨의 끝(호흡 정지선)이 이루어지는지도 알아차려 봅니다. 이때의 들숨법이 가창에 필요한 quick breathing* 호흡입니다. 우리말로 표현하면 '낚아채듯 들이쉰다'로 이해하는 것이 가장 적절할 것 같습니다. 엄지손가락을 넣

---

* quick breathing 호흡법은 가창에서 8분 쉼표(반박자 쉼표)에 해당한다. 실제 가창의 도입부나 느린 템포의 곡에서 이와 같은 호흡법을 바로 사용한다는 것은 대단히 어색하게 느껴질 것이다. 하지만 위와 같은 연습을 반복하게 되면 어떤 쉼표에서도 동일한 복식호흡의 결과를 가져오게 되니, 이 점에 착안하여 연습해 보길 바란다.

은 상태로 몇 회 반복한 후에는 손가락 없이 들이쉬어 봅니다. 손가락의 도움 없이 연습할 때에는 들숨 시 손가락이 들어오는 듯 턱을 열어주세요. 거울을 보면 들이쉴 때 생각보다 입을 열지 않는다는 걸 알 수 있습니다. 그래서 호흡을 낚아채는 과정에서 깊은 호흡이 이루어지지 않게 되죠. 마지막으로 지나치게 목을 연다는 생각으로 혀를 내려 누르거나 긴장되지 않도록 주의하세요.

다음 방법으로는 〈2〉의 그림처럼 엄지를 입으로 가볍게 물어준 상태에서 손가락을 빨아들이듯(빨대로 음료를 빨아들이는 것처럼) 들이쉬어 보세요. 그럼 〈1〉과 동일하게 입안에 공간이 형성되면서 자연스럽게 복식호흡이 이루어지게 됩니다. 이 연습 역시 몇 회 반복한 후에는 손가락의 도움 없이 들이쉬며, 이전과 다르게 들숨이 바뀌었는지 알아차려 보길 바랍니다. 결국 〈1〉과 〈2〉의 연습은 동일한 결과를 얻기 위한 접근이라는 것을 알 수 있게 됩니다.

〈1〉, 〈2〉 연습의 반복을 통해 최종적으로는 손가락의 도움 없이도 이와 같은 호흡법의 효과를 지속적으로 낼 수 있어야 합니다. 이때 주의 깊게 신경 써야 할 부분이 있다면 바로 '혀와 목의 이완과 안정'입니다. 즉 낚아채듯 호흡을 들이쉬는 순간 혀를 주의 깊게 떨어트리듯 내려놓게 되면tongue drop 목은 함께 안정되고 복식호흡 또한 자연스럽게 이루어집니다. 들숨의 호흡법은 들이쉬는 것만으로 완성되지 않습니다. 바로 그다음 발성을 통해 하나의 흐름으로서, 개연성을 통해 이해되고 발전되는 것이죠. 그럼 다음으로는 날숨법을 통해 발성 과정과 흡사한 신체 반응을 훈련해 보도록 하겠습니다.

날숨 연습

투수가 와인드업 자세를 취한 후에 비로소 공을 던지는 것까지를 하나의 투구 동작으로 본다면, 호흡법의 완성은 들숨 이후 소리를 내는 것까지일 겁니다. 그래서 앞으로 계속 훈련을 진행하겠지만, 소리를 내면서 울거나 웃듯이 목(성대)과 복부(횡격막)와의 유기적인 관계를 사전에 유사한 형태로 이끌어낼 것입니다. 건강하게 접촉되는 목(성대)의 역할을 치아와 혀 혹은 입술로 대체하여 복부(횡격막)와 유기적인 연동을 촉발시키는 훈련이 바로 날숨 연습인 것이죠.

〈스네이크 날숨 연습〉

1. 앞서 훈련하였던 방식으로 호흡을 들이쉰 후, 치아 뒤로 혀의 위치를 조절하여 나가는 호흡을 일정 부분 막아봅니다. 그리고 스~ 하는 바람 소리가 나도록 호흡을 내어 보세요.

2. 처음에는 가볍고 짧게 끊어주면서 스! 스! 스!를 하여 복부 반응을 살펴봅니다. 호흡을 내보내는 세기는 복부에서는 자연스러운 긴장이 따라올 정도로 합니다. 이처럼 스~ 하며 뱀 소리가 난다고 하여 '스네이크snake' 날숨 연습이라고 합니다.

3. 마지막으로는 최대한 길게 스~~~ 하며 호흡을 내어 보세요. 이때 주의해야 할 것은 호흡을 일정하게 낸다는 생각으로 아끼듯 호흡을 내어서는, 복부와의 유기적인 연결이 이루어지지 않아 오히려 호흡이 모두 새어 나가게 됩니다. 그러니 앞서 짧게 내었을 때처럼 자신 있게 시작하면 복부의 긴장과 함께 길고 일정한 호흡을 내보낼 수 있게 됩니다.

이런 날숨 연습을 발성 연습 전에 충분히 해둔다면, 이후에 정상적인 발성 연습을 할 때, 보다 유연하고 기민한 발성기관의 피드백을 체험할 수 있게 됩니다. 참고로 부정교합*으로 스네이크 날숨 연습이 어려울 경우, 다음의 안내에 따른 연습을 해주시면 됩니다.

부정교합의 경우 날숨 연습

입술을 활용하기   주먹을 활용하기

• 치아의 배열이 가지런하지 않아 입을 다물었을 때 위, 아래 치아가 맞물리지 않는 상태.

부정교합으로 치아의 마찰을 만들기 어려울 경우에는 앞선 두 그림과 같이 호흡을 내보낼 때, 촛불을 끄듯 입술을 좁혀 불어주거나 주먹을 쥔 상태로 엄지와 검지 사이로 내보내는 호흡을 막아준다면 앞선 스네이크 연습과 동일한 반응을 체험할 수 있습니다. 이와 같이 내보내는 호흡을 막아주는 훈련은 실제 발성 과정에서는 성대의 접촉력이 그와 같은 역할을 하기 때문에 사전에 우리 몸을 준비시켜 놓는 것입니다.

이제껏 크게 생각해 보지 않았던 쉼(표)에 대한 중요성을 알아보았고 연습도 해 보았습니다. 쉼에 대한 여담으로 우리가 너무나도 잘 알고 있는 서양 음악의 천재 모차르트는 "음악은 음표 안에 있지 않고 음표와 음표 사이에 존재하는 침묵 안에 있다."라고 하였습니다. 베토벤 역시 쉼표를 매우 주의 깊게 다루었는데 쉼표 위에 크레센도(악보상의 강약 기호: 점점 크게 p 〈 f)를 적용했다고 합니다. 모차르트나 베토벤뿐만이 아닙니다. 어느 정도의 수준에 도달한 연주가들은 쉼표를 자신만의 개성을 담은 공간으로 활용했다고 하죠. 하이든은 쉼표를 '유머'와 '위트'의 표현으로 브람스는 '침묵'으로, 베토벤은 '열정'으로 연주했습니다. 이처럼 발성 훈련과 아름다운 연주 그리고 우리 삶에서조차 쉼은 자신을 더 온전하게 만들기 위해 준비하는 시간이면서, 자신에게 가장 순수하게 몰입할 수 있는 최고의 순간이 아닐까 생각합니다.

4

이완

지금껏 호흡법을 통해 목적에 맞게 숨을 들이쉬고 내쉬는 과정에서 입술과 치아를 통해 성대의 접촉을 대신하여 발성 시와 유사한 몸의 반응을 체험해 보았습니다. 이제는 실제 우리 목을 건강하게 활용하기 위한 본격적인 훈련을 시작해 보겠습니다. 그 전에 한가지 꼭 알아두어야 할 것이 있습니다. 우리 몸은 사용하려는 '그곳'의 이완과 안정을 유지할수록 코어 근육(인체의 중심부인 척추, 골반, 엉덩이 전반 근육들)을 통해 폭발적인 힘을 얻게 됩니다. 저는 이런 현상을 대표적인 이완 반응이라고 하는데요. 앞으로 말하기와 노래 부르기를 위한 발성 훈련에서도 이완 반응을 활용하게 됩니다. 그러기 위해서는 언어와 음정의 높고 낮음에 대하여 의도적인 목의 이완, 안정이 필요하겠죠. 이것을 '순화'라고 표현합니다. 말 그대로 발음과 음정마다 긴장되는 부분을 순화시켜 목의 안정을 돕는 것이죠. 순화를 통한 이완 반응의 긍정적인 효과를 체험하고 긍정적인 결과를 지속하기 위해서는 느껴지고 들리는 소리에 대해 좋고 싫음을 판단해서는 안 됩니다. 판단하는 순간, 점차 주의력을 통한 기능적인 밸런스는 힘을 잃게 됩니다. 그러니 오직 발성기관들의 기능적인 약속들에 주의를 두고 훈련을 해야 앞선 내용들과 앞으로의 훈련들이 맞물려 긍적적인 효과를 기대할 수 있습니다.

몸의 이완 반응

발성 훈련이 목을 중점적으로 활용한다고 하여도 오직 목으로만 소리를 내는 것은 아닙니다. 횡격막과 이를 감싸고 있는 복부와 허리, 주변 근육들 그리고 가장 중요한 호흡이 있을 겁니다. 그렇습니다. 복합적인 발성 관련 시스템들이 원활하게 작용하기 위해서는 몸 전체의 이완이 우선적으로 준비되어야 하죠. 우리 몸은 이완할수록 보다 명료하고 세밀한 부분까지 판단 및 조절이 가능해집니다. 반대로 긴장할수록 둔해지고 부정확한 판단을 하게 되죠. 그래서 발성 연습 전에 몸을 이완하는 것은 대단히 중요합니다.

운동을 할 때나 발성 훈련 혹은 강연 및 노래를 할 때에도 몸이 잘 이완되어 있다면 에너지를 내고 조절하기 쉽습니다. 그래서 몸의 이완은 마치 운동 전 예열을 해놓는 것과도 같아야 합니다. 즉 단순히 힘을 빼는 것으로 몸의 이완을 바라볼 것이 아니라 스트레칭이나 뜀뛰기, 스쿼트 같은 동작으로 호흡 기관들을 깨우는 것이 매우 좋습니다. 그럼 닫혀 있던 몸이 자연히 열리면서 동시에 마음도 한결 가벼워집니다. 이러한 방식으로 몸을 편안하게 풀어주는 것은 호흡 근육 활용과 이완 반응을 체험하는 최고의 시작점이 될 것입니다.

실제로 유산소 운동과 근력 운동을 동시에 꾸준히 해주는 사람이 그렇지 않은 사람들에 비해 발성 훈련의 성취도가 매우 높게 나타나는 것은 분명한 사실입니다. 그러니 몸을 사용하여 훈련하는 발성 훈련을 위해서라도 꾸준한 체력 관리는 필수입니다.

목의 이완 반응

목(성대)의 이완 반응을 알아보기 전에 목의 특징을 간단히 알아볼 필요가 있습니다. 소리를 내는 데 가장 직접적인 역할을 하는 성대는 우리의 의도대로 직접 조절이 불가능한 기관(불수의근)입니다. 그래서 앞으로의 발성 훈련 과정에서 목과 밀접하게 연결되어 있는 '혀'를 통해 발음들을 순화하여 목의 안정을 유지하게 될 것입니다. 그렇게 안정이 유지될수록 성대 접촉은 원활해지게 되고 자연히 복부의 유기적인 긴장이 따라오는 이완 반응도 체험할 수 있게 됩니다.

목소리는 태어날 때부터 특별히 문제를 가지고 있는 경우가 매우 드물며, 대부분은 건강하고 자연스러운 음성을 가지고 태어납니다. 또한 목소리는 얼굴이나 손의 지문처럼 모두 조금씩 다르며, 각기 다른 개성과 특색을 가지고 있죠. 이렇듯 우리의 온전한 목소리는 그 자체로도 훌륭한 소통의 도구이며, 최고의 악기가 될 준비가 되어 있습니다.

이처럼 건강한 목소리가 계속 유지되지 못하고 다양한 질병을 겪는 경우를 보면, 목을 오랜 시간 무리하게 사용(의도적 변성이나 과도한 음성의 남용)하거나 부자연스러운 언어 습관에서 비롯되기도 합니다. 안타깝게도 잘못된 발성 훈련으로 극심한 음성 장애 고통을 겪기도 합니다. 이렇듯 발성에서 오는 많은 문제들은 대부분 본래의 온전함을 거스르는 무리한 행위 때문에 발생하게 됩니다. 그렇다면 과연 자연스러운 발성은 무엇이며, 그것을 어떻게 알아차리고 유지할 수 있을까요?

자연스럽다는 것은 억지로 꾸미지 아니하고 이상함이 없으며, 순리에 맞고 당연한 것을 의미합니다. 발성의 자연스러움이란, 긴장되어 인위적이지 않은 상태 즉 '이완'과 '안정'에서부터 시작되는 것이라 할 수 있습니다. 이완은 본래 그러한 상태이므로 모든 것들을 온전히 되돌려 놓게 되죠. 발성에서 목을 지속적으로 이완과 안정 상태로 유지하면 그때 나오는 소리가 바로 자연스러운 본래의 목소리인 것이죠. 그래도 너무 어렵고 멀게만 느껴지나요? 그럼 이 이완 반응의 대표적인 소리를 알아보시죠.

'목 놓아 운다'

'배꼽 빠지게 웃는다'

극적인 감정에 처하게 되어 격하게 '울거나 웃을 때'에 위와 같이 재치 있는 표현을 쓰곤 합니다. 이때의 경험을 떠올려 보면 목에 불편함이 느껴지지 않은 상태로도 울림 있고 높은 소리를 장시간 낼 수 있게 되죠. 이 두 소리의 공통점은 바로 극적인 감정에서 나오며 비언어적인 소리라는 것입니다. 그래서 이때의 소리는 성대와 호흡과 호흡 근육과의 협응성이 폭발적으로 이루어져 마치 동물 소리와도 흡사합니다. 그 이유 중 하나로 바로 비언어적이라는 것을 꼽습니다. 극적인 감정 탓에 혀와 목이 온전한 상태로 순수한 감정만을 표현하게 되죠. 그래서 목의 부딪힘이나 조임 없이 건강한 성대 접촉으로 목을 놓아 운다 혹은 배가 아플 정도로 웃는다고 하는 것이죠. 이렇듯 비언어적인 울거나 웃는 상태는 목을 온전하게 유지시켜 주면서 소리를 냄과 동시에 복부의 유기적인 작용으로 연결되므로 목의 대표적인 이완 반응들로 볼 수 있습니다.

이완은 모든 것의 올바른 '시작'입니다. 이 시작은 곧 비움이며, 낮춤이고 덜어냄입니다. 또한 우리에게 지금 이 순간 필요한 집중과 균형을 낳으며, 신체의 모든 기능적 활동을 상승, 발전시켜 줄 것입니다.

3장

마인드풀 바디사운드 훈련하기

1

노래하듯 말하기

　

이 책에서는 '노래하듯 말하기 & 말하듯 노래하기'로 말과 노래하는 발성을 하나의 메커니즘으로 지도하고 있습니다. 그렇기 때문에 지금부터 훈련하게 될 말하는 목소리 훈련은 이후에 노래 부르기 발성 훈련의 기초 과정이라고 보아도 좋을 것 같습니다. 그러니 노래 부르기 위한 발성 훈련을 원하시는 분들도 지금부터 진행하는 말하는 발성 훈련을 통해 기초를 더욱 다지는 시간이 되길 바랍니다.

미국의 모튼 쿠퍼Morton Cooper 박사는 세계적으로 유명한 배우들의 목소리를 교정하는 '목소리 박사'로 알려져 있습니다. 그가 배우들의 목소리를 교정하는 방식을 보면, 입을 다물고 소리 내는 '허밍'으로 평소 목소리를 내는 상태에서 횡격막이 있는 명치 부근(C-SPOT: 자신의 이름 Cooper의 C를 따서 지은 명칭)을 손으로 눌렀다 뗐다 반복하여 자극한다고 합니다. 그렇게 하면 평소보다 높은 목소리의 포지션과 울림 있는 목소리가 생성되는데, 이 울림의 위치가 원래 자신의 목소리 포지션이라는 것이죠. 이렇게 교정을 하는 이유는, 발성기관들 간의 유기적인 작용(협응성)이 '변질' 및 '저하'되어 있기 때문에 빠른 교정 방법으로 횡격막이 위치한 명치 부근을 반복적으로 자극하여 목소리 위치를 일시적으로 찾아주는 것이죠. 물론 이 내용까지만 외부에 공개되어 있어 세부적인 훈련 내용은 저 역시 더 이상 알 수 없기에 저의 지도 방식으로 이어 설명하겠습니다.

제가 음성 교정을 진행할 때에는 '지속적인 개선'을 위해 외부의 일시적 자극이 아닌, 내부 발성기관(성대, 횡격막, 호흡 관련 기관 및 근육)의 유기적인 작용을 촉진하는 (운동과도 같은) 훈련을 진행합니다. 이러한 본질적인 교정과 개선이 이루어지지 않으면, 발성장애와 성대결절 치료 후 다시 재발하는 악순환을 끊을 수 없기 때문입니다. 이를 '음성치료' 혹은 '발성 교정'이라 하죠.* 그럼 말하기와 노래하기에 모두 필요한 본질적인 발성 개선 훈련을 지금부터 시작해 보겠습니다.

---

* 이 내용에 대한 정보와 교정 강의는 이 책 마지막 장에서 상세하게 다루고 있다.

2

웃으면서 발성 원리 깨치기
(허밍 & 개방)

앞서도 울거나 웃는 소리에 온전한 발성의 정수가 담겨 있다고
하였죠. 그래서 지금부터 적극적으로 이를 체험해 볼 텐데요. 그 시
작은 입을 다문 허밍 상태로 진행할 예정입니다. 허밍의 사전적 의
미가 입을 다물고 콧소리로 노래하는 것이지만 여기서의 허밍은
의도적인 콧소리로 소리 내지 않습니다. 다만 혀와 목의 편안한 상
태를 유지하면서 목소리를 내기에 가장 안전한 상태를 허밍으로
선택한 것이니, 이 점만 유념해서 진행해 보겠습니다.

허밍 발성 훈련

입을 다물고 웃듯이 흠! 흠!

QR 코드 영상 시범 ①

1. 허리를 바로 하고 어깨에 편하게 내려놓은 후, 깊이 호흡을 들이쉬고 후~ 하고 숨을 내보냅니다. 이때 몸도 함께 편하게 이완시켜 주세요. 이어서 턱을 열어주며 호흡의 정지선까지 숨을 들이쉽니다. 마지막으로 날숨을 그냥 뱉지 않고 시범 영상과 같이 치아와 혀를 조절하여 스! 스! 스! 하며 짧고 가볍게 내어 보세요. 이번에는 다시 들이쉰 후 길게 스~~ 하며 내어 보겠습니다. 이와 같은 연습을 반복하면 이후 실제 발성 훈련에서도 복부(횡격막)와의 유기적인 협응성과 신호를 쉽게 알아차릴 수 있습니다.

2. 내보내는 숨과 저항 요소(좁혀진 입술+치아+혀)를 통한 복부와의 유기적인 협응성을 일깨웠다면, 다시 호흡을 들이쉰 후에는 입술을 살포시 다물어보세요. 이때 한 가지 주의할 것이 있다면, 입술을 살포시 다물되 위아래 치아는 맞닿지 않게 '옴 Om' 하듯 하세요. 즉 물을 머금은 듯 입안을 동그랗게 만들어주는 것입니다. 동시에 혀와 턱에는 따뜻한 주의력을 보내 편안하게 이완해 보세요. 알맞은 허밍의 형태가 준비되었다면 이제 호흡을 들이쉰 후 흠! 흠!

• 치아와 혀를 통한 날숨의 마찰음인 '스~' 연습에서 부정교합으로 연습이 어려울 경우 〈호흡법〉 편에서 안내한 입술을 좁혀 후~ 불거나 주먹을 쥐고 호흡을 불어내어 날숨을 조절하는 그림을 참고하여 연습하자.

하며 두 번 정도 목소리를 내어 보겠습니다. 혀와 턱이 긴장되지 않도록 하면서 최대한 자신 있게 소리 내어 보세요.

어떤가요? 스~ 혹은 후~ 하며 호흡을 내보낼 때와 복부의 긴장감이 유사하게 느껴지나요? 그렇다면 이상적인 첫 숨과 첫소리를 발성하게 된 겁니다. 즉 첫 숨에서 혀와 목의 이완, 안정 그리고 이를 유지하면서 자신 있게 소리를 내어 따라오는 복부의 압력이 그것이죠. 혹 목에 긴장이 들어갈까 봐 너무 소극적으로 소리를 낼 경우, 성대의 원활한 접촉이 이뤄지지 않으니 자신 있게 해 보세요. 잘못되고 틀리는 것도 제대로 틀려 봐야 교정이 빨라집니다. 또한 흠! 흠!! 하는 소리의 음높이는 남녀 모두 자신에게 부담 없는 높이로 자유롭게 지정하세요. 짧게 소리 내는 연습이지만 첫 숨과 첫소리의 중요 포인트가 모두 담겨 있으니, 꾸준히 반복하시기 바랍니다.

3. 이번에는 허밍으로 흠! 흠~~ 하며 길게 소리를 내어 봅니다. 이 연습으로 첫소리의 발성이 얼마나 균형 잡혀 있는지 확인해 볼 수 있습니다. 여기서 말하는 균형이란, 소리를 낼 때 목의 안정과 그로 인한 복부의 자연스러운 긴장감이 함께 공존하고 있는가입니다. 첫소리는 앞선 연습처럼 짧게 내고 두 번째 소리부터 길게 내주세요. 짧은 첫소리 흠! 에서 자신있게 내지 못할 경우 이어지는 두 번째 허밍에서도 그 문제가 고스란히 드러나게 되니 앞선 연습을 잘 활용하여 첫 숨과 첫소리에 집중해 보세요.

두 번째로 길게 소리 내면서 발성의 균형이 잘 잡혔는지 확인해 보겠습니다. 확인하는 방법으로는 영상의 시범과 같이 길게 소리 내면서 동시에 고개를 좌, 우 그리고 위, 아래로 천천히 돌려봅니다. 이때 고개를 움직여도 처음에 지정한 음정과 목소리에 변함이 없다면 성대의 접촉이 건강하게 이루어지고 있다는 증거입니다. 반대로 고개를 움직일 때마다 목이 조이고 음성이 흐트러진다면, 다시 첫 숨과 첫소리에서 혀, 목의 안정을 알아차려 보면서 발성의 온전한 균형이 깨지진 않았는지 세심히 체크하여 연습해 보세요.

성대가 들어있는 후두의 위치가 가장 편안하고 온전한 위치에 머물게 되는 허밍의 상태는 발성 훈련에 있어서 가장 이상적인 '순수한 모음'의 준비 상태이기도 합니다. 초심자는 이 안정된 허밍 형태로 발성 연습을 반복할수록 목의 불편한 긴장감이나 조임이 줄어들고 점차 발성기관들 간의 협응성이 기민하게 작용하게 된다는 걸 경험하게 됩니다. 그래서 음성치료에서도 허밍 훈련은 지대한 역할을 합니다. 앞으로 진행하게 될 '모음 발성', '음역 확장 스케일', '실가창 적용' 등에서도 허밍 상태는 대단히 큰 버팀목(말하듯 노래하기 편의 '허밍 세팅')이 되어줄 것입니다.

조금은 이른 이야기일 수도 있고 앞으로의 훈련에서 어쩌면 결코 피할 수 없는 부분이기도 합니다. 어쩌면 많은 경험이 해결의 답이 될 수도 있겠지만 모든 소리를 연습하는 데 있어 너무 큰 '치우침'이 생기지 않도록 항상 알아차리고 경계하길 바랍니다. 즉 이완을 하여야 한다고 해서 너무 이완에만 치우쳐 소극적으로 소리 내거나 반대로 자신 있게 한다고 해서 이완될 곳을 무시하면서까지 강하게만 소리 내는 것 모두를 경계해야 한다는 것이죠. 그때그때 잘 알아차리고 조절하기 위해서는 앞선 마음챙김 발성을 위한 5가지 태도를 염두에 두고 진행하면 더욱 효과적입니다.

"이완을 유지하면서도 명확하게 깨어 있어야 한다"

개방 발성 훈련

입을 열고 웃듯이 허! 허!

이제는 입을 열고 앞선 허밍과 같은 발성기관들의 효율적인 작용을 동일하게 체험해 볼 겁니다. 방법은 앞선 허밍 훈련과 동일합니다. 입을 편하게 열고 해당하는 모음에 따라 혀와 목, 턱이 긴장되지 않도록 발성하면 됩니다.

QR 코드 영상 시범 ②

1. 시작은 항상 들이쉬는 첫 호흡에서 혀와 목을 편안하게 내려놓습니다. 그런 안정된 상태에 주의를 두고 허! 허! 하며 말하는 소리보다는 살짝 높은 소리로 짧게 두 번 정도 소리를 내봅니다. 이때 자연히 따라오는 복부의 긴장감도 함께 느껴보세요. 만일 복부의 유기적인 반응이 미미하게 느껴진다면 조금 더 자신 있게 허어! 허

어! 하며 '어' 모음까지 내어 본다면 보다 분명한 복부의 반응을 느낄 수 있을 것입니다. 다만 소리의 세기를 더할 때 혀와 목의 안정된 상태가 깨지지 않는지도 살펴봐야 합니다. 소리를 자신 있게 내더라도 발음을 통해 목에 긴장을 주진 마세요!

2. 그다음으로는 허! 허~의 두 번째 소리를 길게 발성해 보겠습니다. 이 연습 역시 발성의 균형이 잘 유지되고 있는지 체크하기 위해 발성 도중 영상의 시범처럼 고개와 턱을 자유롭게 움직여봅니다. 발성하고 있는 목소리가 다양한 움직임에도 목의 조임이나 음정의 흔들림이 일어나지 않는지 유심히 살펴보세요.

이러한 연습의 목적은, 앞선 허밍 연습과 마찬가지로 목 주변 조임을 동반하여 소리 내는 습관에서 벗어나기 위해 (발성 시에) 발음 기관이면서 후두와 밀접하게 연결되어 있는 혀를 유연하고 안정되게 유지하는 훈련입니다. 또한 성대 접촉이 건강하게 작용하는지 외부 기관들의 자유로운 움직임으로 긴장이 필요한 곳(복부)과 필요하지 않은 곳(목)을 분별하여 발성에서 '이완'의 의미를 올바로 이해하는 데 목적이 있습니다. 훈련이 익숙해질수록 점차 그러한 분별조차 없어지는데 그 이유는 이러한 방식이 온전함을 위한 자연스러운 발성 방식이기 때문입니다.

지금까지 허밍과 개방된 형태를 통해 우리 몸이 올바른 이완을 어떻게 준비하고 체험하는지 조금은 더 느껴보았나요? 하지만 그렇다곤 하여도 낯설고 무기력한 형태로 느껴지는 목소리를 과연 앞으로 말하기와 노래하기에 사용할 수 있을지 의문이 들기도 할 것입니다. 저에게 직접 훈련을 받는 사람들 모두 여러분과 똑같이 느끼는 시기입니다.

목 주변의 긴장을 뺐으니 당장은 이전의 음색이 없어진 듯하겠지만, 목의 긴장을 (성대 접촉을 촉진시켜) 이제 복부가 맡게 되었으니 이전보다 더 명료하고 건강한 발성을 하게 되는 것은 시간문제일 겁니다. 그러니 너무 염려하지 마세요. 이 부분에 대해 마지막으로 다음 그림과 함께 혀에서 느껴지는 모음에 따른 위치를 파악하고 앞으로 어떤 방향의 발성 훈련을 목표로 하는지 간단히 알아보고 마무리하겠습니다. 다소 어려운 내용일 수 있으니, 가벼운 마음으로만 읽어주세요.

혀의 이완, 안정은 그리 특별한 상태는 아닙니다. 여러분이 이 책을 보고 있는 (입을 다문) 상태에서 그대로 입을 열어 편하게 아~ 하고 소리 내면 그것이 제가 지도하고자 하는 목의 온전한 상태입니다. 다만 말의 억양(노래에서는 음정의 높고 낮음)과 다양한 발음에서도 그 상태를 유지할 수 있느냐 하면 그건 또 그리 간단한 문제가 아니지요. 그래서 지금까지 편안한 목의 상태에 주의를 두고 소리를 내면서 느껴지는 복부의 긴장이 자연스러운 현상이라는 것까지 알게 되었습니다. 그런데 말입니다. 과연 내 목소리인 듯 아닌 듯 이 어색한 소리가 말하기와 노래하기에 긍정적인 영향을 줄 수

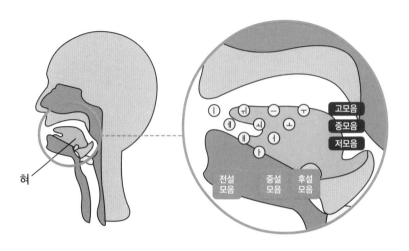

혀(입 내부)에서의 모음 울림의 위치

있을까요?

위의 그림에서 보듯 모음마다 발음을 할 때 울리는 위치가 각기 다릅니다. 그래서 소리를 높고 세게 내야 하는 노래를 부를 때 특정 모음이나 발음이 어렵다고 느끼게 되죠. 이를 해결하기 위해 특정 발음만을 선택하여 연습하기보다는 혀와 목의 본래 상태를 시작으로 발성을 훈련하는 것이 가장 본질적인 해결책이 될 것입니다. 혀와 목의 본래의 상태를 함께 경험해 볼까요? 먼저 입을 다문 채 음 ~ 하고 소리를 내어 보세요. 혀와 목의 편안함을 충분히 느껴봅니다. 그리고 하나씩 따라하세요. (아음, 에음, 이음, 오음, 어음) 이 중에 어떤 발음이 가장 허밍과 가까운가요? 아마도 '어음'이 가장 편할 겁니다. 말을 이제 막 시작하는 아기들이 처음 하는 말이 대부분

'어음마마'인 것도 우리 목의 본래 상태가 '어'에 가깝기 때문이 아닐까요?

결국 이완된 혀의 상태를 통해 나타나는 '어' 모음의 후설 위치는 결코 특별한 조건을 갖춘 '고정'의 의미가 아닌 이완을 통한 '혀' 본연의 '안정'된 상태라는 것입니다. 이 안정된 상태는 곧 후두의 안정을 의미하여 최종적으로는 말하기와 가창 훈련에서 성대의 스트레칭과 접촉력을 높여주어 마치 '양성모음(밝은 모음)'인 '아'와 같은 형태로 소리가 외부로 풍부하고 밝게 빠져나가는 것을 경험하게 될 것입니다. 이것은 매우 아이러니한 신체 반응이라고 생각할 수 있겠지만, 성대의 태생과 기능(불수의근: 직접 조절이 불가능한 근육) 그리고 특성(성대는 접촉 후 떨어질 때 소리가 발생함)을 감안한다면 충분히 공감할 수 있는 결과입니다. 그래도 아직 이해가 잘 안된다면, 울거나 웃는 소리를 떠올려 보세요. 비언어적인 상태에서 그 어느 때보다 크고 높은 소리가 오래도록 나오는 간단한 원리가 그것입니다. 그래서 앞으로 우리는 우리의 목을 속일 예정입니다. 다양한 발음을 하고 소리를 높이는 데에도 마치 비언어적인 것처럼 '순화'하여 울거나 웃듯 온전한 목의 상태로 자연스럽고 건강한 소리를 내도록 말이죠.

이렇듯 이완을 통한 후두의 안정으로 양성모음과 같이 소리가 바깥으로 빠져나가는 것을 발성의 효과적인 '발현(속에 숨겨져 있는 것을 밖으로 드러나게 함)'이라 하고 반대로 단순히 목을 조여 소리를 바깥으로 밀어내는 것을 부정적인 의미로 '발출(빼내어 나오게 함)'된 소리라고 저는 표현합니다. 그 효과에 대해 조금만 더 설명하자면, 말하기와 가창 발성 모두 효과적으로 '발현'되는 음성은 호흡의 낭비가 적고 소리의 울림이 높고 풍부하면서도 발음이 정확히 전달된다는 공통 특성을 가지고 있습니다. 또한 깊은 곳에서 나오는 듯한 탄탄하고 안정된 음성으로 다양한 변성이 가능하며 자유로운 음악적 표현이 가능하게 되죠. 그리고 무엇보다 목의 불편함이 전혀 느껴지지 않습니다. 반대로 '발출'되는 미숙한 발성의 경우 성대와 호흡, 호흡 근육들과의 협응성이 조화롭지 못하기 때문에, 큰 소리 혹은 지나치게 여린 소리로 치우치는 경향성을 띠게 됩니다. 이와 같이 양극단으로 치우치는 것은 성대 접촉이 원활하지 않기 때문에 장시간 사용하게 될 경우 잦은 목의 통증과 심한 경우 성대결절로까지 치닫게 되는 경우가 상당히 많습니다. 결국 발현되는 효과적인 발성이란, 특정 발음의 형태를 띠지 않고 우리 목의 온전한 상태로 돌아가 이를 유지하며 훈련할 때 자연히 드러나게 됩니다.

"많이 담으려면 그릇이 커야 하고,
흐름을 담으려면 그릇이 깨져야 한다."

– popmeditator

3

목 힘 빼기 I
– 모음 순화

지금부터 본격적으로 발성 훈련을 진행하게 됩니다. 우리가 사용하는 말하는 방식은 노래하는 방식과 음성 질환과도 밀접한 관련이 있습니다. 그래서 저는 목소리에 관련된 강의를 할 때, 제일 먼저 지도하는 것이 바로 이 '모음 순화' 훈련입니다. 아, 에, 이, 오, 우와 같은 모음의 특성을 부드럽게 순화하는 것을 의미하지요. 그 이유는 목의 불필요한 기장이나 발성기관들의 건강한 협응성을 방해하는 데 '발음'이 상당 부분 영향을 미치기 때문입니다. 그래서 울거나 웃듯이 특별한 발음을 하지 않는 순수하고 건강한 소리를 바탕으로 연습을 시작하였던 것이죠. 결국 언어를 사용하면서도 마치 우리 목에게는 비언어적인 것처럼 편안함과 안정감을 주기 위해 모음 순화 훈련을 한다고 보면 좋을 것 같습니다. 그러니 사실 모음 순화는 상징적인 의미이며 우리가 사용하고 있는 모든 발음(자음+모음)들을 목에 부담이 가지 않도록 부드럽게 순화하여, 일정한 음질을 유지함과 동시에 소리의 높고 낮음에도 원활한 성대 접촉(및 성대 스트레칭)을 체험할 수 있게 하는 것입니다.

- 이완 - 뻣뻣하게 긴장된 근육들이 원래의 상태로 풀어짐
- 순화 - 잡스러운 것을 없애고 순수한 것이 되게 함

'이완'이 긴장됨을 원래의 상태로 풀어주는 것이라면, '순화'는 잡스러운 것들로부터 이완을 지속하여 그 순수함을 유지하는 것이라 할 수 있습니다. 비유를 하자면, 여러분이 공원 벤치에 앉아 편하게 쉬고 있다면 이완하고 있는 것이고 갑자기 불량배가 나타나 시비를 걸고 괴롭혀도 평정심을 유지하고 있다면 여러분은 마음을 순화하고 있는 것입니다. 이처럼 순화는 이완보다 더 기술적인 부분에 가깝죠. 방치된 이완이 아닌 음정과 발음이 가지고 있는 긴장들을 자발적으로 목의 안정을 위해 이완시키는 것. 그것이 곧 순화이며 주의력을 통해 꾸준히 갈고닦아야 하는 부분이기도 합니다.

운동 학습 단계에서 보면, 중급 단계(이완)에 해당하는 이 모음 순화는 목이 조이는 '후성'이나 '비성'과 같은 콧소리를 없애기 위한 훈련으로 잘 알려져 있기도 합니다. 더불어 이 책에서는 노래를

위한 훈련에서 '두성밸런스'라는 명칭으로 목의 안정을 통한 자연스러운 성구 전환을 유지 및 발전시키기 위한 중요한 매개체 역할을 하게 될 것입니다.

자음에 강세를 많이 사용하는 한국인이라면 모음(단모음, 이중모음 모두)을 순화하는 훈련 외에도 자음(쌍자음 모두)까지도 각별히 주의를 기울여 순화해 주어야 합니다. 자! 그럼 모음 순화를 위한 자음과 모음의 특성에 대해 간단히 알아보고 본격적인 모음 순화 연습을 진행해 보겠습니다.

모음의 경우 소리를 낼 때 공기의 흐름이 막힘이 없는데 반해, 자음의 경우 발성기관에 의해 구강 통로가 좁아지거나 막히는 등의 방해를 받으면서 나오는 특성을 가지고 있어 모음 순화에 어려움을 더해줍니다. 특히 한국어의 자음은 특성상 '경구개(입천장 앞쪽의 단단한 부분)'와 '치조(경구개 앞쪽, 치조음: ㄴ, ㄷ, ㄹ, ㄸ, ㅌ)'를 통해 자음에 '강세'를 주어 발음하는데, 그로 인해 대부분 음성의 위치가 입 앞쪽으로 모이게 됩니다. 따라서 자음과 더불어 모음 순화를 연습하기에는 다소 어려움이 있을 수 있습니다.

이에 대해 반대하는 입장이 있기도 합니다. 자음을 선명하게 소리 내야 외부에서 들을 때, 보다 명확하게 소리가 전달될 수 있을 것이란 의견이죠. 그러나 이것은 명백히 잘못된 생각입니다. 실제 명확한 소리의 전달은 모음을 통한 성대 접지에 의해서이고 그렇

자음과 모음

자음은 발음할 때, 발음기관에 의하여 소리의 통로가 좁아져 날숨이 방해를 받으며 나오는 소리로 모음 앞뒤에 위치해 있습니다.

모음은 자음과는 다르게 소리를 낼 때 방해를 받지 않는 유성음으로, 혀와 입술이 고정되어 움직이지 않는 '단순모음(ㅏ, ㅐ, ㅓ, ㅔ, ㅗ, ㅜ, ㅡ, ㅣ)', 입술 모양과 혀가 움직이는 '이중모음(ㅑ, ㅒ, ㅕ, ㅖ, ㅘ, ㅙ, ㅛ, ㅝ, ㅞ, ㅠ, ㅢ)'으로 나뉩니다.

게 모음이 명확히 들리게 되면, 자음은 매우 부드럽게 조절하여 발성할 수 있게 됩니다. 하여 모음 순화의 목적은 모음들뿐만 아니라 다양한 발음들을 순화해서 발성기관들의 안정과 협응성을 촉진함으로써 모음과 자음 모두 건강하고 명확하게 전달하기 위함입니다.

몇몇 외래어의 경우도 마찬가지이지만, 성악의 본고장인 이탈리아어의 경우 모음 '아'를 '어'와 같은 뉘앙스(고정됨이 아닌 혀와 목의 온전한 상태)로 소리 내는 특성을 가지고 있습니다. 그래서인지 미성美聲의 두성을 사용한 성악적 발성법이 발전되고 계승된 것이 아닐까 짐작해 보기도 합니다. 한국의 경우는 어떨까요? 판소리, 민요와 같이 모음보다 자음의 강세로 구강 앞쪽에 머문 소리를 배 힘으로 밀어내어 얇고 좁은 혹은 통성(흉성) 소리의 허스키한 형태로 한限의 정서가 전승되었음을 짐작해 볼 수 있습니다. (무엇이 더 나은지 말하는 것이 아니라 언어에 의해 국악의 개성이 형성되는 것이 아닐까 하는 필자의 소견입니다.) 그렇다면 음성voice과 발성vocalization을 공부하기 위해 발성학, 운동 역학 등을 다양하게 살펴보는 것도 필요하지만 더불어 각 국가의 언어를 이해하고 직접 체득을 통하여 나타나는 음성과 발성의 차이 등을 공부해 보는 것도 분명 큰 도움이 될 것입니다.

　　이러한 시각에서 우리가 익히고자 하는 모음 순화 훈련의 목적을 다시 한번 되짚어 본다면, 특정 장르의 소리를 위한 특별한 기술이 아닌, 우리 목(성대) 본래의 온전한 상태를 어떠한 상황 속에서도(말과 노래) 유지(순화)하여 발성기관들의 본래 쓰임을 최대한 건강하게 활용하는 데 있다고 할 수 있습니다.

모음 순화 STEP 1: 단순 모음 순화하기

지금부터 시작하게 될 개별 모음 순화 훈련
은 앞서 연습하였던 '웃으며 발성 원리 깨치기'
와 동일한 원리로 몇 가지 모음들을 추가하여
진행하게 됩니다. 거듭 강조하지만, 이 과정은
말하는 목소리 개선과 더불어 이후에 배우게

QR 코드 영상 시범 ③

될 말하듯 노래하기를 위한 발성 훈련의 기초 과정이기도 합니다.
노래를 위한 발성 훈련에서는 보다 세밀하게 목의 안정을 요구하게
되니, 지금부터 진행되는 모음들을 집중해서 연습해주길 바랍니다.

〈필독〉

- 앞으로 발성 훈련이 시작될 때마다 '준비'라고 하면 첫 번째,
허리를 바로 하고 몸의 이완을 '10의 상태'로 준비해 주세요. 두
번째, 들숨 시 호흡법을 통한 혀와 턱의 안정도 함께 준비해 주세
요. 마지막으로 열린 마음을 가지고 마음챙김에 기반한 주의력
을 유지하세요.

- 지정 음정이 없는 경우는 자유롭게 평소 말하는 목소리보
다 조금 높은 음정으로 시작해 주세요. 지나치게 높거나 낮은 음
정은 기본 과정에서 조화로운 발성기관의 협응성을 이해하는 데
어려움을 줄 수 있습니다. 또한 시범 영상 참고 시 시범자의 음색
과 음높이를 따라 하지 않도록 유의하세요.

〈연습 1〉

흠! 흐~~음

자, 준비가 되었다면 입을 다물 때는 혀와 턱의 이완을 유지하기 위해서 위아래 치아가 닿지 않도록 물을 머금듯 '(어~)옴'과 같이 허밍을 준비하세요. 첫소리와 두 번째 허밍 소리 모두 혀와 목, 턱을 편하게 유지하며 자신 있게 소리 내어 보세요. 이때 자연스럽게 복부의 유기적인 반응(긴장감)을 살펴봅니다.

〈연습 2〉

하! 하~~

'하' 모음의 경우 특별히 '아'라는 생각으로 소리 내기보다는 혀와 목이 편안한 상태로 소리 내세요. 그럴수록 소리를 낼 때 복부의 자연스러운 긴장이 따라오게 됩니다.

〈연습 3〉

헤! 헤~~

'에' 모음의 경우 무의식적으로 양쪽 입술 끝을 웃듯이 올려 소리 내게 됩니다. 이 훈련의 경우 모음들의 특성을 순화시켜 일관된 목의 상태를 유지하는 것에 목표를 두고 있으니, 혀와 턱 그리고 입술까지 이완해 보세요.

〈연습 4〉

히! 히~~

'이' 모음의 경우 발음 위치상 앞선 '에' 모음보다 입 앞쪽에 소리
가 모이게 됩니다. 그래서 모음 순화를 하기에 가장 까다로운 모음
이지만 입을 다문 편안한 허밍 상태에서 입만 가볍게 열어준다고
생각해 보세요. 그럼 '이' 모음으로 발성하기 한결 편안해집니다.

〈연습 5~6〉

호! 호~~/ 후! 후~~

'오'와 '우' 모음 모두 입술을 좁히는 과정에서 혀와 목이 긴장되
지 않도록 유의하세요.

모음 순화 STEP 2: 모음 연결하여 순화하기

이번에는 앞서 연습하였던 각각의 모음들의
첫소리에 'ㅎ'을 넣어 한 번에 연결하는 훈련입
니다. 아무래도 모음이 바뀌면서 이어지기 때
문에 어떤 특정 모음이 목의 안정을 깨트려 목
에 긴장을 주는 경험을 하게 될 수도 있습니다.

QR 코드 영상 시범 ④

그러니 모음 순화를 하면서 '턱'도 함께 매달아 놓듯 편하게 유지하
여 연습해 보기 바랍니다. 그렇게 하면 소리를 낼 때 특정 발음이

목에 주는 불필요한 긴장감이 줄어들고 모든 모음이 마치 최초의 안정된 목 상태 그대로(하나의 모음처럼) 발성하는 것처럼 느껴지게 됩니다.

첫소리에 'ㅎ'을 활용한 모음 순화

하~ 에~ 이~ 오~ 우~

헤~ 이~ 오~ 우~ 아~

히~ 에~ 오~ 우~ 아~

호~ 우~ 이~ 에~ 아~

후~ 오~ 에~ 이~ 아~

첫소리에 'ㅎ'의 숨소리는 초심자들에게는 목의 부담을 줄이면서 동시에 호흡의 역동성을 통해 성대의 접촉을 도우므로 말하기와 가창 훈련의 기초 과정에서 자주 활용됩니다. 하지만 이후에 기식음 없이도 그와 같은 효과를 낼 수 있어야 자발적인 순화 능력을 키우고 호흡의 낭비도 막을 수 있습니다. 개인 연습에서 보다 적극적으로 이완과 그에 따른 효과적인 긴장을 체험하기 위해서 시범 영상에서 안내하는 것과 같이 양손을 볼에 대고 소리 내는 방식과 중간중간 코를 막아서 성대 접촉이 올바로 이루어졌는지도 함께 체크하기 바랍니다. (성대가 제대로 접지되고 있지 않을 때에는 코로 공기가 다량 빠져나가며 목이 조여오게 됩니다.)

연습의 최종 목적은 자연스러운 능숙함이겠죠. 그러니 너무 서둘러 다음 단계로 진행하기보다는 충분히 반복 연습을 한 후에 진행을 이어나가길 바랍니다. 자! 그럼 지금까지의 모든 연습을 종합하여 노래하듯 말하기 최종 과정으로 진행해 보겠습니다.

모음 순화 STEP 3:
자음(쌍자음) & 이중모음과 함께 모음 순화

이번 훈련은 단순 모음의 순화를 바탕으로 자음과 더불어 쌍자음(ㄲ, ㄸ, ㅃ, ㅆ, ㅉ) 그리고 이중모음(ㅑ, ㅕ, ㅠ, ㅛ, ㅘ, ㅙ, ㅝ, ㅢ…)까지 동시에 혼합한 응용 훈련으로 진행됩니다. 자음

QR 코드 영상 시범 ⑤

과 쌍자음의 특성이 발음기관에 의해 구강 통로가 좁아지거나 완전히 막히는 등의 장애를 준다고 하였죠. 더불어 처음과 끝의 입술과 혀의 위치가 달라져 음색이 바뀌는 이중모음 또한 목이 긴장되지 않도록 각별히 신경 써야 합니다.

일반적으로 발성 훈련(모음 위주)을 통해 발성이 어느 정도 개선되어도 정작 노래에 적용이 쉽지 않은 이유 중 하나가 바로 그 전에 발음하던 방식으로 자음(쌍자음)과 이중모음을 발음하기 때문입니다. 특히 자음에 강세를 두고 발음하는 한국 사람이라면 절대 이 연습을 빼놓아선 안 됩니다. 발성을 말하기와 노래하기에 적용하기 위해서는 말이죠.

결국 우리는 자음과 이중모음을 포함하여 발성 연습을 해야 하는데, 다행히 한 가지만 집중하면 됩니다. 바로 자음을 명료하게 소리 내려 하지 말고 내성모음*을 순화하는 것에 집중하면 쌍자음이나 이중모음 모두 어렵지 않게 훈련할 수 있습니다. 그러니 앞선 단순 모음 훈련과 동일하게 연습한다고 생각해보세요. 시범 영상을 보아도 알 수 있듯이 단순 모음 순화 때와 동일하게 고른 음성이 유지되고 있습니다. 기본 과정인 지금의 말하기와 이후 노래 부르기에도 이 훈련은 큰 영향을 주게 되니, 끈기를 가지고 훈련에 임하시기 바랍니다.

* '자음'을 선행한 모음 순화

(한 음절씩 끊어서 모음 순화)   가~/ 게~/ 기~/ 고~/ 구~

(한 번에 이어서 모음 순화)   가~~ 게~~ 기~~ 고~~ 구~~

* '쌍자음'을 선행한 모음 순화

(한 음절씩 끊어서 모음 순화)   까~/ 께~/ 끼~/ 꼬~/ 꾸~

(한 번에 이어서 모음 순화)   까~~ 께~~ 끼~~ 꼬~~ 꾸~~

* '쌍자음'을 선행한 '이중모음' 순화

(한 음절씩 끊어서 모음 순화)   꽈~/ 꾀~/ 뀌~/ 꾜~/ 뀨~

(한 번에 이어서 모음 순화)   꽈~~ 꾀~~ 뀌~~ 꾜~~뀨~~

- 자음을 제외한 핵심 모음, 길게 소리 냈을 때 유지되는 모음(가 → 아, 귀 → 이).

* 이번 연습에서는 시범 영상과 같이 턱 아래에 손가락을 가볍게 넣어 자음과 이중모음에 의해 혀가 경직되지 않도록 각별히 주의하며 연습해 보겠습니다.

대표적인 자음으로 'ㄱ'을 넣었지만 다양한 자음으로도 꼭 응용해 보기 바랍니다. 지금까지 다양한 모음과 자음을 알아보고 직접 순화하는 훈련을 해 보았습니다. 어떤가요? 평소 소리 내던 느낌이 아니라서 많이 낯설고 어색하죠? 하지만 자신의 목 상태를 한번 주의 깊게 관찰해 보세요. 어떤 발음이건 하나의 모음처럼 부드럽게 느껴지며 자연스러운 복부 긴장이 느껴졌을 겁니다. 이러한 방식이 익숙해질수록 말과 노래하는 응용 훈련에서 큰 도움을 받게 될 것입니다.

노래하듯 말하기
실전 훈련

인사말에 발성 적용하기

자! 이제 기본적인 모든 과정을 마쳤으니 간단한 자기소개 멘트에 지금껏 훈련하였던 교정된 발성을 적용해 보도록 하겠습니다. 다음 페이지 예문 〈1〉과 〈2〉는 앞서 연습하였던 방식을 그대로 적용할 것이기 때문에 아직은 평소 대화에서 사용하는 본인의 음성 느낌이 나지는 않습니다. 마지막 〈3〉에서 비로소 평소 말하는 억양으로 조절하여 지금까지 준비하였던 밸런스를 적용해 보도록 하겠습니다. 이 점들만 유의하여

QR 코드 영상 시범 ⑥

시범 영상과 함께 연습을 시작해 보겠습니다.

> ① 허! 허~~ 안녕하세요! 제 이름은 ○○○입니다.
> → 허어어아~안녀어엉하아세에요오~제에이르으믄~호오옹~기이일도옹
> ~이입니이~다아~

    평소와 같은 느낌의 목소리를 내는 것은 아닙니다. 초성에 앞서 연습하였던 방식으로 소리를 내며 목의 안정에 의한 복부의 자연스러운 긴장감을 촉진해 주세요. 이어서 마지막 허~~ 하며 길게 소리 내며, 끊김 없이 모음 순화를 하여 자기소개를 동일한 어조(평조: 음정의 높낮이가 없는 같은 어조)로 읽어봅니다. 모든 훈련에서 발음이 연속으로 이어질 때에는 모음 순화와 함께 각별히 턱 부근도 이완해 보세요.

> ② 안녕하세요! 제 이름은 ○○○입니다.
> → 아안녀어엉하아세에요오~제에이르으믄~호오옹~기이일~도옹~이입니이~다아

    두 번째 연습은 앞서도 연습하였듯 첫소리에 기식음 'ㅎ'을 없애고 바로 인사말을 시작해 보는 것입니다. 첫소리에 각별히 '준비'를 한 후에, 혀와 목의 안정을 그대로 유지하며(낯설겠지만) 목소리를 자신 있게 시작해 보세요. 이때까지도 아직 평소의 억양과 톤을 만들지 말고 평조로 앞선 연습과 동일하게 소리 내 주세요.

③ 안녕하세요! 제 이름은 ○○○입니다.

〈1〉, 〈2〉 모두 충분히 연습했다면, 이제 평소 말하는 억양으로 말해 보겠습니다. 평소 말하는 목소리에 억양이 크게 없다면 시범 영상을 참고하여 따라 하여도 좋습니다. 다만 억양을 주어도 지금까지 훈련해 왔던 모음 순화와 그로 인해 복부의 유기적인 협응성을 놓치지 않도록 하세요. 잊지 않으셨겠죠? 첫 숨과 첫소리에 각별히 유의하며 연습해 주어야 합니다. 처음이라 물론 자연스럽게 구현되지 않을 겁니다. 최대한 혀와 턱은 편하게 내려놓지만 소리는 당당하고 자신 있게 내보세요. 그럼 여러분의 복부가 알아서 도와줄 겁니다. 그것을 평소 대화에서도 자주 경험하여야 이완, 안정의 중요성을 깨닫게 됩니다.

혹 아무리 연습해도 잘 모르겠다면 영화 〈나 홀로 집에〉의 한 장면을 떠올려 보세요. 어린 남자 주인공이 도둑을 보고 놀라는, 영화의 대표적인 장면입니다. 양손을 양 볼에 대고 입을 크게 열어 놀라고 있죠. 앞선 모음 연결에서도 시범 영상으로 소개되었지만 다시 상세히 설명해 보겠습니다. 여러분도 다음 페이지 그림처럼 양손을 양 볼에 대고 양손이 가까워지게 모아보세요. 그럼 턱에 힘이 빠지고 입술이 모아지게 됩니다.

이 상태로 다시 한번 자신 있게! (허!허! 하듯이) 목소리를 내어 인사말을 해 보세요. 발음은 다소 부정확하게 나오겠지만 복부는 이전과 달라진 걸 느낄 수 있을 겁니다. 입과 턱을 이완(외부 조건에 의한 강제적 이완)하므로 혀와 목이 함께 안정을 갖게 되면서 발성 기관의 협응성이 좋아지게 되는 것이죠. (앞선 발성 훈련과 앞으로의 연습들 모두 이와 같이 연습하여도 도움이 됩니다.) 몇 번이고 이 상태로 연습한 후, 손의 도움 없이 자발적으로 그와 같은 발성이 이루어지도록 해 보세요. 즉 어떤 조건을 통해 도움을 받고 난 후에는 항상 최종적으로 외부 조건의 도움 없이 자발적으로 이완 안정을 통한 발성 훈련이 이루어져야 한다는 것이죠. 훈련이 몇 번, 며칠 반복되다 보면 분명 '아! 이런 느낌이구나.' 하는 때가 올 겁니다. 이때 우리가 알아차리고 넘어가야 할 것이 있습니다. 그때 이런 생각들을 하게 되는데요.

"어?? 목에 힘을 주지도 않았는데, 목소리가 위로 올라가면서 울림 있는 성우 같네…"

"배에 자연스럽게 긴장이 들어가면서 목이 너무 편한데!"

이러한 생각과 판단을 하기 시작하면서 연습을 반복하다 보면 오히려 처음처럼 발성이 안 되는 경우가 많습니다. 그 이유는 지금껏 발성기관들의 기능적인 약속들에 의해 자연스럽게 발현된 결과로 온전한 발성이 나온 것이죠. 그럼에도 우리 생각과 의식은 판단(좋거나 싫다)을 통해 결과적인 느낌을 직접 추구(집착)하려고 합니다. 바로 이때부터 본질적인 밸런스에 대한 주의력이 흐트러지기 시작하죠. 제가 손바닥으로 벽을 쳐서 방 안이 잘 울려졌고, 그것을 배우고자 한다면 방 안이 어떻게 울렸는가에 주의를 두기보다 손바닥으로 어떻게 벽을 쳤는가 하는 본질에 더 집중하는 것이 현명하다는 것입니다. 그러니 복부에 자연히 긴장이 들어오면서 좋은 소리가 났을 때 그 느낌을 알아차린 후, 그 느낌을 직접 추구하기보단 첫 숨, 첫소리의 밸런스에 더 집중하라는 것이죠.

누누이 강조하지만 지금까지 그리고 앞으로의 모든 인위적인 훈련의 목적은, 온전함과 자연스러움으로 되돌리기 위함입니다. 시시각각 바뀌는 생각과 느낌에 따르기보단, 지금 이 순간 해야 할 기본에 충실하고 그 기본을 깊이 깨닫는 것이 가장 훌륭합니다.*

---

* 이것은 노래하는 발성에서 더욱 여실히 드러나는데, 이 부분에 대해서는 바로 이어지는 T.B.U 강의로 설명할 예정이다.

입술 & 안면 근육 풀어주기

자! 지금까지가 말하는 목소리의 기능적인
개선 훈련이었습니다. 소리의 본질적인 발성
개선 훈련은 마치 자동차의 엔진 성능을 높이
는 정비로도 볼 수 있겠죠. 이제 차의 핸들 또
한 원활하게 작동하는지 체크해 볼 필요가 있

QR 코드 영상 시범 ⑦

을 겁니다. 차의 '핸들'이란, '발음'이라고 할 수 있습니다. 훈련에
의해 개선된 목소리가 밖으로 잘 빠져나가기 위해서는 입술 모양
과 턱의 움직임이 원활하게 동조해 발음이 될 때 비로소 훈련의 완
성도와 만족도가 더 높아집니다.

발음의 정확도를 높이는 데는 입술과 턱, 얼굴 표정을 활발하게
풀어주는 연습이 많은 도움이 됩니다. 방법은 의외로 간단합니다.
다음 페이지 그림(시범 영상)과 같이 턱은 열어주지 않고 위아래 치
아를 닫은 채로 최대한 발음 하나하나를 정확히 해 보는 겁니다. 이
연습에서만큼은 여러분들의 잘생김과 아름다움을 잠시 내려놓아
야 합니다. 그림과 같이 한 음절 한 음절 입술과 표정을 최대한 활
용하여 정확히 말하려 노력해 봅니다. 최소 3~5회 이상을 해야 자
연스러운 효과를 느낄 수 있습니다.

위아래 치아를 닫고 발음할 때의 입 모양

반복 연습을 마친 후에는 언제 그랬냐는 듯, 평소처럼 자연스럽게 자기소개 멘트를 해 보세요. 연습했던 것을 의식하지 말고 정말 평소처럼 자연스럽게 말해 봅니다.

안녕하세요! 제 이름은 ○○○입니다.

어떤 느낌이 입에서 느껴지나요? 마치 입술에 기름칠이라도 한 듯 너무도 부드럽게 발음이 연결되어 흘러간다고 느낄 수 있을 겁니다. 이 연습은 발성 교정에도 도움이 되지만 노래, 강의나 발표, 면접을 앞둔 사람들에게도 많은 도움이 됩니다. 특히 평소 얼굴 표정이 거의 없어 안으로 먹히는 듯, 음성 전달이 원활하지 않은 사람들도 긍정적인 효과를 얻을 수 있습니다.

따뜻한 마음으로 친절하게 말하기

여기까지 발성 기관들의 기능 개선을 위한 모음 순화와 발음 연습을 훈련해 보았습니다. 이를 평소에도 자연스럽게 활용하려면 어떻게 하는 것이 좋을까요? 갑작스럽게 배운 '티'를 내면서 말을 하면 오히려 어색해서 가까운 사람들의 눈총을 살지도 모릅니다. 그러니 자연스럽게 훈련 효과를 경험하고 싶다면 두 가지만 기억해 주세요! 첫 번째, 꾸준한 반복 연습! 그리고 두 번째로 꾸준히 연습한 것이 자연스럽게 드러날 수 있도록 '마음가짐'을 달리하는 것입니다. 여기서 말하는 마음가짐이란 바로 '친절'입니다. 지금보다 조금 더 타인을 배려하는 마음으로 '친절과 연민'을 가지고 말하는 것이죠.

발성이 운동이라 하였던 제가 갑자기 엉뚱한 결론을 내려 어리둥절할 수도 있겠지만, 여러분의 목소리가 개선 훈련을 바탕으로 자연스럽게 발현되기 위해서는 적절한 '동기'가 필요합니다. '마음이 동動해야 통通한다'고 하듯 타인과의 소통에 있어서 어떤 의도한 바 없이 순수하게 친절하려는 마음을 갖게 되면, 우리 몸과 마음은 더 유연하고 조화로워지면서 따뜻하고 편안한 음성이 나오게 됩니다.

아직 무슨 말인지 와닿지 않을 수도 있으니, 재밌는 테스트를 한번 해 보도록 하죠. 우선 자신이 가장 소중하게 생각하는 사람(부모님, 은사님, 가족)이거나 가장 아끼고 친한 사람을 떠올려 보세요.

막상 떠오르지 않는다면 자기 자신도 좋습니다. 자! 그럼 얼굴에는 부드러운 미소를 짓고 다음 문장들을 최대한 따스한 마음을 담아 친절하게 말해 보세요.

〈상대방에게〉

"감사합니다.", "행복하세요.", "사랑합니다."

"힘내세요.", "항상 응원하겠습니다."

"고마워.", "네 덕분이야.", "어려운 일 있으면 말만 해."

"난 항상 네 편이야.", "내가 믿는 거 알지?"

〈나 자신에게〉

"그동안 많이 힘들었지?", "힘들면 조금 쉬어도 괜찮아."

"실수해도 괜찮아.", "다 잘할 수는 없는 거잖아."

"나는 중요해. 나를 인정하는 사람은 나야."

"누가 뭐래도 난 언제나 내 편이야."

"나답게 잘 해왔어."

다소 쑥스럽게 느껴질 수도 있겠지만 나름대로 마음을 담아 읽어보길 바랍니다. 지금 잠시 자신의 마음에 어떤 변화가 일어나고 있는지 그리고 자신의 목소리가 평소와 어떻게 다른지를 느껴보세요. 깊게 고민해 볼 것도 없이 다정하고 따뜻한 연민과 배려의 음성이 느껴질 겁니다. 만일 얼굴에 미소가 아직 남아있다면, 이번에는 지금 여러분이 했던 말들을 그 누군가에게 들었던 반대의 상황을 떠올려보세요. 부모님의 안부나 처음 본 카페에서 직원의 친절함이나 오랜만에 보는 학교 선, 후배의 반가운 인사와 안부, 길에서 마주치는 낯선 누군가의 친절한 말들 모두 다 좋습니다. 어떤가요? 아마도 친절을 베풀었던 그 사람의 음성과 얼굴 그리고 그분들의 따뜻한 마음까지 느껴질지도 모릅니다.

이는 결국 상대방에 대한 친절과 배려, 연민, 애정, 선善의가 담긴 목소리는 단순히 소통만을 주고받는 것이 아니라 본인과 타인 모두에게 좋은 울림으로 오랫동안 따뜻하게 남게 된다는 것이죠. 그러고 보면 기능적으로 잘 훈련된 기계 같은 목소리보다 조금은 서툴고 유창하지 않더라도 친절하고 연민이 담긴 목소리가 더 매력적이고 좋은 목소리가 아닐까 하는 생각이 듭니다. 『탈무드』에도 "똑똑하기보다는 친절한 편이 더 낫다."라는 말이 있죠.

학원 강사의 '나답게'

성우 같은 멋진 목소리를 가지고 있는 이분은 대형학원의 신입 강사입니다. 유쾌한 말투와 자신감 있는 제스처는 상담하는 내내 제 눈과 귀를 즐겁게 해주었죠. 이 강사분의 고민은 지금 목소리가 원래 자기 목소리가 아니라는 것이었습니다.

강사로 일을 시작하면서 다른 유명 강사분의 수업을 모티브로 삼고 따라 하기 시작했고, 그분의 강의 스타일과 함께 목소리 톤까지 흉내를 내게 되었다고 합니다. 그래서인지 처음에는 자신감도 붙고 재밌게 수업을 진행했지만, 어느 순간부터 목이 아프고 이물감이 자주 느껴지더니, 아침에는 잠긴 목이 좀처럼 풀리지 않았다고 합니다. 불안한 마음에 병원도 몇 군데 다녀봤지만 강의를 계속해야 하는 상황이라 목은 크게 호전되지 않았고 요즘은 강의 두 타임쯤 하고 나면 목 통증이 심해 대화조차 힘들다고 했습니다.

그런 이유로 발성 교정 훈련을 3개월 정도 진행했고 이제는 이전과 같은 목 불편함이나 아침에 목 잠김 증상도 많이 개선되었습니다. 그런데 발성 교정 훈련 3개월이 다 되어 갈 즈음, 이분은 제게 이런 얘기를 해주었습니다.

"훈련하면서 교정했던 자연스러운 목소리가 제 수업 때 마음처럼 적용되지 않아 포기할까도 많이 고민했습니다. 그런데 곰곰이 생각해 보니, 제가 둘 다 억지를 부렸습니다. 처음에 유명 강사 선생님 목소리를 흉내 내는 것도 억지였고 아직 미숙한 교정 목소리를 수업에 적용하려는 것도 억지였습니다. 그래서 결국 '그냥 나처럼, 나답게 하자.'라고 마음먹고 강의하기로 했습니다. 처음에는 오히려 나처럼 한다는 게 엄청 어색하고 낯설게 느껴졌지만, 점차 소리가 자연스럽고 편해지니까 평소 제 속에 있는 저만의 개성이 드러나기 시작했습니다. 재밌더라고요. 그렇게 학생들에게 좋은 반응을 얻고 나니까 자신감도 붙고 수업 준비도 더 창의적으로 즐겁게 할 수 있었습니다. 발성 교정도 저에게는 큰 도움이 되었지만, 제 마음에서 저를 다시 찾아오니까 모든 게 다시 원상태로 돌아오고 행복하더라고요."

5

T.B.U(True But Useless)

　　앞으로 할 노래하기 훈련은 앞선 '말하는 목소리 개선' 과정에 비해 발성기관들의 협응성(성대 접지력, 호흡, 호흡 근육 간의 협응 작용)과 감각적인 면에서 조금은 큰 차이를 띠게 됩니다. 특히 음정이 높아질수록 우리 몸에서 자연히 체감되는 감각적 변화들은 매우 자연스러운 변화임에도 불구하고 이론(글) 혹은 지도자에게 교육을 받거나 입에서 입으로 구전되는 개념과 표현들에 둘러싸여 자유로운 사고와 훈련 학습에 제동이 걸릴 때가 있습니다. 다음에 소개하는 한 상담자와의 실제 대화 내용을 살펴보고 한 번쯤은 숙고해 보았으면 합니다.

상담자: 노래 배우기 전에는 썩 잘하지는 못했지만 나름대로 몇 곡씩은 불러도 목에 큰 불편함이 없었고 나름 괜찮게 부르긴 했는데요. 조금 더 전문적으로 배워보려고 레슨을 2년 정도 받았는데, 예전보다 나아지는 것도 잘 모르겠고 이상하게 지금은 노래 한 곡도 마음껏 못 부르겠어요. 친구들이 예전이 더 낫다고 하면⋯ 정말 미쳐버릴 것 같아요.

필자: 혹시 배우시는 내용 중 어떤 부분이 노래하는 데 걸림돌이 되나요?

상담자: ⋯ 선생님께서 자꾸 소리를 띄워서 두성으로 소리 내라고 하시는데, 저는 계속 목이 조이는데도 괜찮아질 거라고만 하시고, 또 다른 선생님한테 여쭤보니까 소리에 힘이 없어서 그런 거니, 배에 힘을 더 줘서 소리를 밖으로 꺼내라고 하시는데, 저는 그렇게 30분만 연습하고 나면 목이 너무 아파서 전화 통화도 제대로 못 할 정도가 돼요⋯. 배우면 배울수록 아는 건 많아지는데 점점 뭐가 맞는지도 잘 모르겠고 제가 예전에 어떻게 노래했는지도 이젠 기억이 안 나요. 가르쳐주시는 선생님들은 노래를 잘하시는데, 제가 소질이 없어 못 따라가는 것 같아서 죄송스럽고 너무 괴로워요⋯.

노래를 부른다는 것은 언제 어느 때나 분명 즐겁고 행복한 일이죠. 하지만 어느 순간부터 노래를 부른다는 것이 앞선 상담자와 같이 고통과 괴로움으로 바뀌는 경우가 있습니다. 대표적인 시작이 바로 훈련 과정에서 '추상적 표현'과 함께 개념화된 용어들의 '프레임(frame: 틀)'에 갇힌 채 사고思考가 진행될 때이죠. 그럼 이와 같이 발성, 가창을 지도받거나 개인적으로 연습할 때, 들어보았거나 느껴지는 '추상적인 표현과 감각 및 용어'들에는 어떤 것들이 있는지 알아보고, 앞으로 어떻게 분별력을 갖고 연습에 임해야 하는지도 고민해 보겠습니다.

* 두성으로 노래해라 & 소리를 띄워라 & '마스께라'로 노래하라

* 소리를 뒤로 붙여라 & 소리를 돌려서 내라

* 밝고 가볍게 소리 내라 & 성대를 얇게 붙여라

* 소리가 앞으로 빠져나가도록 해라 & 소리를 밖으로 꺼내라

* 배에 힘을 주고 노래하라 & 복부를 강하게 아포지오 시켜라

* 흉성과 두성을 연결하라 & 파사지오, mixed voice를 해야 한다

이 설명들은 분명 추상적이고 모호합니다. 그러나 일정 부분 '사실'이기도 하죠. 여기서 '사실'이라고 표현한 것은 성대 접촉과 횡격막 간의 유기적인 작용이 저음에서부터 고음까지 효율적으로 이루어진다면 (일정 고음역에서부터) 실제 이러한 표현들과 유사한 감각들을 점진적으로 체험할 수 있기 때문입니다. 그렇지만 여기서 분명히 알아두어야 할 사실은, 바로 이러한 것들을 직관적으로 적

용한다고 해도 초심자가 해당 표현과 동일한 감각을 올바로 체험 및 체득하기 어렵다는 것이죠. 즉 앞선 추상적 표현들은 일정 수준 이상의 발성, 가창 능력이 갖추어졌을 때 느껴지는 감각적 반응들이므로 운동 학습 단계에서 언급하였듯이 중급 단계를 거친 후 고급 단계에서 경험할 수 있는 신체적 반응 및 감각들입니다.

오랜 시간 숙련된 전공자들에게는 이처럼 추상적이며 감각적 표현들이 지적인 이해의 한계를 넘어선 기능적 개선에 도움을 주는 경우가 있으므로 모든 것을 부정적으로 이야기하고자 하는 것은 아닙니다. 다만 여러 부분에서 미처 준비되지 않은 초심자에게는 이와 같은 추상적 표현과 이미 인정된 개념의 '틀'이 본래 우리 신체가 가지고 있는 자연스러움과 조화로움을 저해하고 더불어 자유로운 사고의 틀을 가두는 프레임적 요소로 작용하는 것이 문제입니다. 이처럼 결과가 마치 원인인 것처럼(베토벤의 오류*) 많은 사람들에게 전파되고 있어 앞선 상담자와 같이 값진 앎이 '득'이 아닌 '독'으로 작용하는 것을 많이 보아왔습니다. 온전한 발성을 찾기 위해 이제 시작하는 여러분들은 앞선 추상적인 표현들(~해라, ~해야만 한다)을 앞으로는 자연스러운 발성기관들의 '이완 반응'에 의

* 사람들은 베토벤의 '장엄하고 웅장한' 스케일의 음악을 들으면, 그가 커다랗고 멋진 저택에서 예술가의 자태를 뽐내며 곡을 쓸 것이라 상상하게 된다. 하지만 실제로는 돼지우리 같은 낡은 하숙집에서 그러한 음악을 썼다고 한다. 우리는 왜 그런 생각을 자연스럽게 하게 될까? 이것을 바로 '베토벤의 오류'라고 하는데, 과정과 결과가 서로 비슷하리라 생각하는 편견을 꼬집는 말이다. 쉽게 말해 "뭔가 있을 거야."라고 단정 짓는 습관을 말한다.

해 점진적 혹은 최종적으로 체험되는 감각적 부산물(~되는)로 해석해 주길 바랍니다. 저는 이와 같이 '원인과 결과가 뒤바뀐 채 추상적 표현에 의해 사고의 자유로움을 가두는 프레임들'에 대해 이렇게 말합니다.

"T.B.U(True But Useless): 진실이지만 쓸모없는 것"

실제 오랜 훈련을 통한 체험적 앎으로 분별력을 갖춘 사람과 체득 이전에 표면적으로만 단순히 알고(지도받고) 있는 사람의 차이는 몸으로 습득하고 깨닫는 행위에서 비춰볼 때, 후자의 경우는 모르는 것이나 마찬가지라고 할 수 있습니다. 그렇기 때문에 어떤 방식의 감각적, 추상적 훈련을 받든 본질적인 원인을 바로 알아두기를 바랍니다. 그 본질적인 원인이란 여러분도 잘 알고 있는 목의 안정입니다. 목의 안정을 위해 혀와 턱까지 발성에 직결되는 기관들의 이완, 안정이 지속적으로 이루어질 때, 우리는 '해야만 한다'의 감각적 부산물들을 '저절로 된다'로 자연스럽게 체험할 수 있게 됩니다. 따라서 이 본질적인 원인에 대해 고민하고 훈련에 적용한다면 보다 더 긍정적인 결과를 얻을 수 있을 것입니다.

지금까지 다소 거친 표현과 해석으로 불편한 마음이 들 수도 있겠지만, 여러분이 이제부터 훈련하게 될 가창 발성에 대한 개념적 용어(불가피하게 사용되었다 하더라도)와 감각적으로 체감될 다양한 소리의 변화 또한 T.B.U와 같이 작용될 수 있음을 경계하길 바라는 마음에서 준비한 내용이기도 합니다.

제가 아무리 '울거나 웃듯이' 자연스러운 신체의 이완 반응을 함께 공감하여 발성을 지도한다고 하여도 명확한 지도를 위해 표현의 모호함을 분명함이나 명료함으로 개선하려는 순간, 배우는 여러분들에게는 또 하나의 프레임으로 작용하게 될 것입니다. 결국 그 뜻에 사로잡혀 본질(자연스러움)과는 멀어지게 될 수도 있겠죠. 이제 그러함을 함께 공감하였다면, 발성 훈련에 따른 모호함은 끊임없는 훈련을 통해 스스로 품고 사유思惟하여 결국 체득함으로 모두 비워내시길 바랍니다.

발성이 운동과도 유사하다 하였듯 몸으로 익히는 모든 종류의 체득은 체계적인 훈련 방식이 분명 필요합니다. 그러나 지나치게 이론과 감각적인 표현들에 얽매여 버리면 스스로 깨우쳐 자신만의 꽃을 피울 수 있는 기회를 영원히 놓치게 될 수도 있죠. 만일 여러분이 이러한 어려움과 혼란에서 자신을 지키고 자유롭고 싶다면 지금부터 외부가 아닌 자신 안으로 시선을 돌려 우리 몸이 우리에게 보내는 작은 신호들을 알아차리며 연습해 보세요. 어느 순간 모호함이 명료함으로 바뀌고 불안함이 평정한 마음으로 바뀌어 있음을 경험할 수 있을 것입니다.

앞에서 제시한 마음챙김 발성을 위한 4가지 태도 중, 세 번째 '내려 놓고 수용하면 비로소 얻게 된다'처럼 올바른 알아차림을 통해 타인이 만든 프레임에 갇혀 온전함을 잃지 않길 바랍니다. 한 번에 이루어지길 바라는 천사angels를 찾지 말고 올바른 각도angles를 찾길 바랍니다.

"나를 기준으로 삼지 않는 것이 바르게 보는 것이며,
사물(현상)을 있는 그대로 보는 것이다."

6

말하듯 노래하기

말하듯이 노래하기라는 표현은 왠지 대단히 매혹적인 문장으로 들립니다. "말하듯이 노래를? 말하는 정도라면… 굉장히 편한 건데, 고음도 정말 그렇게 노래할 수 있다고?" 그렇습니다. 실제 말하듯이 노래한다는 용어의 정의는 말하듯 편안한 목 상태에서 높고 낮은 음정을 자유롭게 노래하는 것을 뜻합니다. 하지만 앞서 원인과 결과에 대한 오류를 이야기했듯, 이 표현 또한 최종적인 결과 즉 모든 훈련을 성공적으로 체화했을 때, 목에서의 느껴지는 안정된 느낌을 표현한 것입니다. 일정 수준이 넘어서게 되면 복부에서는 굉장히 버티기 어려울 정도의 압력이 형성되는 순간을 경험하게 됩니다. 이것은 물리적으로 굉장히 자연스러운 결과입니다. 어쨌건 이처럼 말하듯 노래하기 위해 가장 우선적으로 연습해야 할 것이 있는데 바로 성구°의 '전환과 연결'입니다.

남성이든 여성이든 저음에서 고음으로 계속 올리다 보면 갑자기 음색이 돌변하거나 뒤집히는 구간flip이 발생합니다. 이를 '환성구換聲區'라고 하는데, 환성구 아래의 소리를 '흉성' 그 위의 소리를 '두성'이라 칭합니다. 결국 말하듯이 노래하기 위해서는 '흉성'과 '두성'의 환성구 지점이 끊김 없이 부드럽게 전환될 수 있도록 훈련해야 합니다. 혹여 여기서 말하는 성구의 연결을 특별한 테크닉이라고 생각하고 어려워할 필요는 결코 없습니다. 성구의 전환은 우리 목이 가진 본연의 순수 기능으로 결코 특별하지 않은 매우 '자연스러운 현상'이기 때문입니다. 그래서 앞으로의 훈련에서는 저음에서 고음으로 올라가는 과정에서 성구의 변화를 의도적(기법)으로 바꾸는change 것이 아니라 혀와 목의 안정을 유지하므로 (성대근의 원활한 스트레칭°°으로) 자연스럽게 성구의 전환은 지나가듯pass 느끼게

• 성구: 진성 & 가성.
•• 성대 스트레칭(stretching): 물이 흐르는 호스의 수압이 '100'으로 항상 일정하다고 가정해보자. 이 물줄기를 지금보다 더 멀리 내보내기 위해서는 어떻게 효과적으로 수압을 올릴 수 있을까? 정답은 호스의 입구를 좁게 만드는 것이다. 호스의 입구를 좁히면(작용) 더 강한 수압이 발생할 것이고 그 수압에 의해 더 힘차게 멀리 물줄기가 나가게 된(반작용)다. 이처럼 우리의 목(성대) 또한 호스의 입구처럼 좁아지게(길어져 접촉이) 되면 자연스럽게 복부 압력이 증가하고 혀뿌리와 후두는 아래로 하강하게 되며, 일정 이상의 스트레칭이 이루어지면 일정 고음 구간에서 부드럽게 음질이 변하는(얇아지는) 내적 변화도 체험할 수 있게 된다.

될 것입니다.

　물론 이 자연스러움을 되찾기 위해 의도적으로 이완과 안정을 유지해야 하는 역설적 행위가 필요합니다. 즉 목이 조이는 불편한 목소리로 노래하는 것이 아닌 말하듯 편안하게 노래하기 위해서는 가장 먼저 저음에서 고음으로 높아지는 과정에서 발생하는 환성구간을 자연스럽게 연결할 수 있도록 훈련해야 합니다. 이 성구 전환의 '사전 예습' 훈련으로 이제 목에 힘 빼기(두성밸런스)를 주제로 말하듯 노래하기 훈련을 시작할 것입니다.

　제가 지도하는 발성법은 '특정 장르'의 발성법을 지향하지 않으며, 본래 가지고 있는 온전한 소리를 되찾기 위한 '자연스러운 발성 교정'에 그 초점을 맞추고 있습니다. 말하듯 노래하기 훈련 역시 성구 전환과 연결이라는 다소 생소하고 낯선 용어들에 막연한 어려움을 느낄 수도 있지만 훈련을 거듭할수록 특별한 기술이 아닌 너무나도 자연스럽고 조화로운 발성기관들의 건강한 반응임을 깨닫게 될 것입니다. 본래의 온전한 발성을 찾고 개발시키기 위한 훈련이기에, 애쓰지 않으려 애쓰듯 '무언가를 더하는 것이 아니라 반대로 덜어내고 빼는 것'에 훈련의 방향과 목표가 설정되어 있음을 염두에 두고 훈련에 임하길 바랍니다.

7

목 힘 빼기 II
– 두성밸런스

노래를 부르다 보면 말하는 것과는 다르게 목 조임과 같은 불편함을 쉽게 느끼게 됩니다. 그래서 여러 가지 방법으로 목에 불필요한 긴장이 들어가지 않도록 많은 연습을 하게 되죠. 노래를 부를 때 (목의 올바른 긴장감을 제외한) 불필요한 목 조임이 생기는 이유 중 대부분은, 목의 안정 유지와 음정에 따른 소리의 세기가 균형을 맞추지 못해서입니다. 여러분 대부분은 목청껏 소리를 지르는 데는 자신 있지만 목의 편안한 안정을 유지하는 것은 매우 어려워하고 실제 훈련 시에도 의구심과 불안함을 갖습니다.

이렇게 목의 불필요한 긴장감을 줄여주기 위한 연습법이 바로 두성밸런스 훈련입니다. 목의 안정을 유지한다는 부분에선, 앞선 모음 순화와 같은 맥락이지만 소리의 높고 낮음을 위해 보다 세밀한 목의 안정을 요구하는 연습법이라고 할 수 있습니다. 시범 영상을 보면 쉽게 알 수 있듯 편하고 작은 소리로 음정을 오르내릴 때 가성으로 목소리가 바뀌도록 내버려 둡니다. 즉 의도적으로 소리를 바꾸려는 의도를 갖지 않고 오직 목의 안정에 주의를 두고 음정이 높아질 때 자연스럽게 소리가 바뀌도록 내버려 두는 것입니다. 소리를 작게 연습하는 이유는, 소리를 크게 내면서 연습할 경우 개인마다 가지고 있는 발성의 잘못된 습관들을 세밀하게 알아차리고 매번 조정하기 어렵기 때문입니다. 또한 음을 높이고 내릴 때 우리 목이 본래 작동하고자 하는 순리의 작용을 알아차리기가 어렵기 때문입니다. 그래서 이 연습에서는 최초의 들이쉬는 호흡(첫 숨)에서부터 시작되는 첫소리 모두 혀와 목의 안정됨에 각별히 집중하게 됩니다. 결국 이 연습을 통해 우리가 깨닫게 되는 것은, 지속적인 목의 안정을 통해 진성(육성)에서 가성(교정된 가성)으로 자연스럽게 연결되는 것이며, 울림의 이동은 음정이 높아질수록 저절로 위로 이동한다는 것이죠.

이로써 노래를 부를 때 고음에서 '두성을 써야 한다' 등과 같이 억지로 무언가를 하는 것이 아니라 목의 이완, 안정을 유지함으로써 저절로 된다는 것을 사전에 알아차리는 훈련인 셈입니다. 물론 두성밸런스 소리 그대로를 노래에 사용하지는 않습니다. 편하고 낮은 목소리에서 높은 가성으로 끊김 없이 부드럽고 안정적으로 연결되며, 연결된 가성이 공명성을 띠게 될 때 '안정된 목 상태'로 판단하여 이 상태를 바탕으로 평소와 같이 목소리를 내어 노래하는 것이죠. 즉 말하는 것보다 높은 억양의 소리를 가사와 함께 발성하여야 하기에 목의 안정된 밸런스를 이와 같이 보다 세밀하게 찾고 유지하는 연습을 하는 것이죠. 운동 학습 단계로 보자면 힘을 빼는 이완, 안정(혀와 목)을 유지하고 그로 인한 반응들을 알아차리는 '중급 단계'인 셈이죠. 그러니 이 또한 무언가 더하는 것이 아닌 덜어내는 훈련입니다. 이후에 노래 부르기와 발성 훈련 전에 목의 조임, 소리의 뒤집어짐과 같은 발성기관들의 언밸런스를 미연에 조절하기 위해, 해당 가사와 멜로디를 두성밸런스의 상태로 노래(선창)하게 될 것입니다. 이 과정에서 앞서 언급하였듯 '성구의 연결 여부'와 '공명성의 정도'를 통해 목의 안정(모음 순화)이 어느 정도 안정되게 이루어지고 있는지 체크 및 교정하게 됩니다.

참고로 이 연습법의 큰 장점은, 목을 많이 사용하는 직업군의 경우 목을 쓰기 전과 후에 발성기관들을 풀어주고 진정시켜 주는 데 탁월한 효과가 있다는 점입니다. 실제 성우나 현역 가수들에게 가장 큰 효과를 보인 훈련법이기도 하죠. 더불어 성대결절 수술 후 음성치료와 발성 교정 및 개선에 있어서도 큰 도움을 줍니다. 음성치료에 관한 상세한 부분은 본 강의 마지막에서 두성밸런스를 기반으로 진행되는 '음성치료' 강의에 안내되어 있습니다.

두성밸런스 기본 라운딩 연습

〈필독〉

　- 앞으로 발성 훈련이 시작될 때마다 '준비'라고 하면 첫 번째로 허리를 바로 하고 몸의 이완을 '10의 상태'로 준비해 주세요. 두 번째로는 들숨 시 호흡법을 통한 혀와 목의 안정도 함께 준비해 주세요. 마지막으로 마음챙김에 기반한 주의력을 유지하세요.

　- 첫소리에 지정 음정이 없는 경우는 평소 말하는 소리보다 더 낮고 편안하게 시작하세요. 그래야 혀와 목의 온전한 안정을 통해 이완 반응을 경험할 수 있습니다.

어 ↶

　1. 두성밸런스 연습을 시작하기 전 시범 영상과 같이 호흡법을 통해 혀와 목을 편하게 안정시킨 후, 고개와 시선을 위로 들어 '허~' 하며 낮고 편안한 목소리를 내어 보세요. 그러면서 주의를 지금의 편안한 혀와 목, 턱에 잠시 동안만 두어봅니다.

QR 코드 영상 시범 ⑧

2. 두성밸런스 연습에서 대표적으로 사용하는 발음은 '어'이지만 긴장으로 고정된 상태가 아닌 '아'와 '어' 중간 정도의 이완, 안정된 상태입니다. 그런 편안한 목 상태를 잘 기억해두었다면, 영상의 시범과 같이 음정을 높이는 과정에서 가성으로 자연스럽게 뒤집어지도록 상행한 후 다시 최초의 저음으로 내려와 봅니다.

3. 두성밸런스 연습을 시작하는 데 있어 각별히 주의해야 할 사항 몇 가지를 알아보겠습니다. 첫 번째로, 들숨 시 호흡의 정지선까지 들이쉬었는지 체크해 주세요. 호흡 정지선이란, 들이쉬는 과정에서 혀와 목을 편하게 두는 준비의 시간이므로 이를 제대로 준비하지 못할 경우 안정된 목의 이완 반응을 올바로 체험하기 어렵습니다. 두 번째로는 목의 안정을 잘 준비하였다 해도, 첫소리를 큰 소리로 시작할 경우, 자연스러운 성구 전환을 체험하기 어려울 수 있습니다. 세 번째로는 첫소리에서 저음의 편안한 목소리를 거치지 않고 바로 높은 가성의 소리로만 시작하는 경우입니다. 이때도 첫 번째 주의사항과 마찬가지로 첫 숨에서부터 혀와 목의 충분한 안정을 준비하고 시작하세요. 네 번째로 과도하게 목을 아래로 내리며 소리 내는 방식은, 발성기관들의 이완 반응과 그에 따른 협응성을 이해하는 데 어려움을 겪게 됩니다. 다섯 번째로 입술을 세로로 모으고 연습하면, 후두 상승(목 조임)과 입술의 떨림을 어느 정도 줄일 수는 있습니다. 다만 처음부터 자발적인 혀와 목의 안정을 유지하지 않고 소리만을 그럴듯하게 흉내 내기 위해 입술을 모아서 연습하는 것은 주의하기 바랍니다.

4. 만일 두성밸런스 연습을 시도조차 못할 정도로 몸이 따라주지 않는다면 시범 영상을 참고하여 다음 순서대로 다시 한번 연습해 보길 바랍니다. 첫 번째로 자연스러운 성구 전환에 목적을 두고 있는 연습법이므로 육성과 가성이라는 소리의 구분부터 명확히 인식할 필요가 있습니다. 그래서 시범과 같이 평소 말하는 목소리를 내어 보고 다음으로 높은 가짜 소리, 빈 소리인 가성을 내어 봅니다. 시간이 오래 걸려도 좋으니 스스로 확신이 들 때까지 연습하세요. 두 번째로 가성의 높은 소리에서부터 시작하여 저음으로 하행시킨 후, 다시 가성의 소리로 이어서 상행시켜 봅니다. 세 번째로 앞선 하행한 소리에서 멈추지 않고 다시 가성으로 변할 수 있도록 음정을 높이고 이어서 다시 하행합니다. 어느 정도 소리 변화에 익숙해 졌다면 네 번째로는 두성밸런스가 갖추어야 할 기능적인 부분들(첫 숨, 첫소리에 혀와 목의 안정)을 체크하면서 연습해 보면 조금씩 나아질 것입니다.

'단순 모음'을 통한 두성밸런스 라운딩 훈련

두성밸런스 훈련은 음정의 높고 낮음을 소리 낼 때 목의 조임과 불편함이 느껴지지 않도록 성대의 원활한 스트레칭을 위한 사전 조정 연습이라 하였습니다. 이제 말하듯 노래하기 위한 본격적인 연습으로 '어, 아, 에, 이, 오, 우'와 같은 '단순 모음'을 모음 순화를 통해 두성밸런스 라운딩 해 보겠습니다. (* 한 음절씩 소리 내는 연습일지라도 항상 첫 숨, 첫소리 때 혀와 목의 안정을 충분히 체크한 후 시작하세요.)

아⌣, 에⌣, 이⌣, 오⌣, 우⌣

1. 연습을 시작하기 전, 항상 연습할 모든 모음을 편안한 저음으로 2~3초가량 내어 보세요. 이 연습은 다양한 모음들에 대하여 혀와 목의 안정된 상태 즉 올바른 소리의 시작점(모든 발음과 음정에 대하여)을 경험하는 훈련입니다. 이를 통해 음정을 높이고 낮추는 과정에서 자연스럽게 성구 전환을 관찰하는 것입니다.

2. 첫 번째 모음인 '어' 모음은 바로 앞서 실시하였으므로 생략하겠습니다. 다음 '아' 모음은 기본 두성밸런스 라운딩 '어'와 유사하게 혀의 안정(첫 숨에서 준비된)을 유지하며 라운딩을 실시하세요. 거듭 강조하지만 목의 안정된 '어' 상태는 긴장을 통한 '고정'이 아닌 이완을 통한 '안정'입니다. 실제 연습을 해 보면 '아' 모음의 경우 들리는 소리가 '어' 모음과 큰 차이가 없다고 느껴질 것입니다.

3. '에'와 '이' 모음은 발음 특성상 입술 끝을 올리며 앞쪽으로 소리를 밀어내려는 특성을 가지고 있죠. 그러니 목이 조이거나 소리가 끊기지 않도록 첫 숨과 첫소리에 집중하세요.

4. '오'와 '우'의 경우 좁은 입술 모양으로 인해서 구강 공명의 소리를 올바른 소리와 착각하는 경우가 있습니다. 혀와 목의 안정이

기반이 되면 '오'와 '우' 역시 '어'와 같은 느낌으로 입술에 긴장을 빼면서 라운딩을 하는 것이 도움 될 것입니다.

두성밸런스로 '단순 모음' 연결하기

아~ 에~ 이~ 오~ 우~

1. 이번에는 지금의 모음들을 '아~에~이~오~우~' 하며 한 번에 이어서 소리 내보겠습니다. 시범 영상과 같이 두성밸런스 라운딩을 하듯 첫소리를 시작한 후, 이어지는 모음들 모두 동일한 음정으로 혀와 목의 편안함을 유지하며 소리 내보세요. 모음이 바뀌어도 혀와 목의 안정됨을 잘 유지하였다면 첫소리에서 느껴진 울림이 모음이 바뀌어도 비슷하게 유지될 것입니다. 만일 특정 모음에서 조금만 발음에 긴장을 주어도 바로 울림은 없어지고 목이 조이는 소리로 바뀌게 될 것입니다. 이와 같이 낮은 목소리와 연결된 가성이 공명성을 띠고 유지될 때, 비로소 우리의 목이 안정(순화)되었다고 볼 수 있습니다.

2. 모음 연결이 익숙해졌다면 말하기 훈련에서 했던 방법과 같이 모음의 순서를 바꿔 보거나 자음(쌍자음), 이중모음을 넣어서 자유롭게 응용하여 보세요. 이 연습 역시 양손으로 얼굴을 감싸고 연습하여 목의 긴장을 더 풀어주거나 연습 도중 코를 막아서 성대가 올

바로 스트레칭되고 있는지 확인해 보세요.

사
례
4

가수 **황치열**

나를 지키는 온전한 소리

(이완과 안정 - 두성밸런스로 찾은 자신만의 목소리)

7년 전 5월의 따스한 봄날, 까만 피부에 허름한 반팔 티를 입은 한 청년이 제 작업실 앞을 서성이고 있었습니다. 저와 눈빛이 마주치자 이미 저를 아는 듯 대뜸 발성 레슨을 받고 싶다고 하였습니다. 작업실 정리도 미처 하기 전이었지만 이 더운 날 얼마나 나를 기다렸을지 모른다는 생각에 서둘러 상담을 진행하였죠. 그는 이미 015b 객원 가수로, '웬즈데이'라는 그룹의 보컬로 활동했던 프로 가수였습니다.

그런 그가 저를 찾아온 자초지종은 이러했습니다. 〈너의 목소리가 보여〉라는 방송 프로에 참가하게 되었고 그 방송에서 불렀던 노래가 화제가 되어 KBS 〈불후의 명곡〉이라는 공중파 방송에도 출연하게 되었다고 했습니다. 그런데 그때 불러야 할 노래의 고음 처리가 염려되어 찾아온 것이었죠. 지금도 그렇지만 저는 TV를 자주 보질 못해서 그의 얼굴과 노래를 들어보질 못했던 터라 방송에서 부를 노래를 듣고 싶다고 청하였습니다.

이 글을 쓰는 지금도 그때 놀랐던 두 가지가 생생히 기억나네요. 첫째, 당시 실제로 노래를 들었던 가수 중에서 가장 뛰어난 실력을 가지고 있었습니다. 둘째로는 발성 레슨을 통해 본래의 목소리를 교정해 보니 다소 굵고 허스키했던 목소리가 단 2회만에 맑고 깨끗한 정반대 음색의 고음으로 터져 나왔었습니다. 저는 궁금했습니다. 어떻게 본질을 그렇게 빨리 이해하고 극변할 수 있었는지. 알고 보니 그는 이미 가수들을 가르치는 유명 보컬 트레이너로 활동하고 있었습니다. 네. 가수이자 유명 보컬 트레이너였던 가수 황치열 님입니다.

가수 황치열 님이 가장 큰 이슈가 된 계기는 〈고해〉라는 곡을 원곡 가수인 임재범 님의 음색과 비슷하면서도 자신만의 호소력으로 불러 TV 시청자들에게 많은 찬사를 받은 것입니다. 하지만 그때의 목소리가 황치열 님 본래의 목소리는 아니었습니다. 10여 년 전 많은 남성 가수들의 허스키하고 깊은 목소리(당시의 표현으로 '소몰이 창법')가 유행하였고 황치열 님 역시 어느 정도 그런 스타일로 자신의 음악을 표현하고 있었죠. 다만 자신의 온전한 목소리를 발견하지 못한 채 유행과 스타일에 치우칠 경우 꼭 고음이 안 나오는 것은 아니더라도 머지않아 소리의 뿌리까지 잃어버리게 될 수도 있죠. 이런 부분에 대해 가수이면서도 같은 지도자의 입장에서 황치열 님은 제가 지도하는 두성밸런스의 원리와 중요성을 잘 알고 있었습니다. 본인 역시 이미 이 부분에 대해 나름의 방식으로 지도하고 있었기에 빠른 시간에 긍정적으로 개선된 것 같았습니다. 어쨌건 염려했던 곡은 방송에서 성공적으로 마무리되었고, 이후로도 황치열 님은 중국과 한국을 오가며 활발하게 활동하는 대형 가수로 성장하게 되었죠. 몇 년 전에는 유명 예능 프로에 나와 제가 지도해드렸던 두성밸런스 시범으로 출연자분들에게 발성 지도하는 모습에 몹시 뿌듯했었습니다. 혹 황치열 님의 목소리가 예전에 비해 거친듯한 호소력이 줄어들었다고 할지 모릅니다. 하지만 지금의 황치열 님은 자신만의 온전한 목소리로 지금도 그리고 앞으로도 오랫동안 건강하고 행복하게 노래할 거라 믿어 의심치 않습니다.

8

말하듯 노래하기 위한
허밍 프로그램 3단계

허밍 프로그램 3단계란, 입을 다문 허밍 상태에서 단계적으로 성대 접촉력을 높여나가는 훈련입니다. 이후에 '모음 발성' 훈련과 '말하듯 노래하기' 최종 단계까지 발성기관들의 올바른 균형과 뿌리가 되어주는 핵심 훈련이라

QR 코드 영상 시범 ⑨

고 할 수 있습니다. 허밍을 통해 말하듯 노래하기 과정을 훈련하는 이유는 앞선 두성밸런스의 안정된 목 상태에서 목소리를 넣기(키우기) 위해서입니다. 말하기 훈련보다 더 세밀하게(성구 전환이 자연스럽게 이루어질 정도로) 목의 안정이 유지되어야 하기에, 바로 입을

열어 목소리를 내지 않고 허밍을 통해 안전하게 접근하고 스스로 상태를 파악하기 위해서입니다. 그럼 허밍 프로그램 3단계를 요약해 보겠습니다.

허밍 1단계에서는 앞선 두성밸런스 라운딩을 입을 다문 허밍 상태로 진행합니다. 2~3단계에서는 1단계를 바탕으로 목소리를 내어 자연스럽게 얻어지는 효과적인 긴장과 소리의 변화를 체험 및 체득하는 훈련으로 진행됩니다. 그리고 보조적인 훈련으로는 입술떨기와 혀떨기 연습이 추가되는데, 이후 '음성치료' 편에서 한 번 더 다뤄질 예정입니다. 참고로 허밍 프로그램 3단계는 큰 소리로 자유롭게 발성 연습을 할 수 없는 일반인들을 위해 개발되었습니다. 하지만 현재는 현역 가수, 뮤지컬 배우, 성악가, 성우에 이르기까지 이 프로그램을 통한 발성 개선의 효과가 충분히 입증되었습니다. 더불어 음성치료 및 발성 교정에서도 두성밸런스 훈련과 함께 핵심 커리큘럼으로 지도되고 있습니다.

허밍 프로그램 1단계

허밍 프로그램 1단계는 두성밸런스 라운딩 훈련을 충분히 연습하였다면, 전혀 어렵지 않은 과정이 될 것입니다. 1단계의 허밍 연습 방법은 두성밸런스 라운딩 방식을 '입을 다물고' 그대로 진행해주면 됩니다. 매우 간단하지만 그래도 다음 몇 가지 주의사항을 체크하면서 연습해 보세요.

1. 올바른 허밍의 형태는 물을 머금듯 위아래 치아를 열어둔 상태에서 입술만 살포시 다물어줍니다. 그러면서 혀와 목, 턱을 편안한 상태로 만들어주세요.

2. 안정된 허밍 형태가 준비되었다면, 영상 시범과 같이 편안한 작은 소리로 저음에서 고음까지 회전하듯 소리 내 봅니다. 이때 두성밸런스의 넓은 울림과는 다르게 고음으로 상행할수록 얇게 변한 목소리가 코를 거쳐 이동하는 것이 느껴질 겁니다. 그럼에도 코의 울림이나 변화하는 소리의 감각에 주의를 뺏기지 말고 지속적으로 최초의 안정된 혀와 목의 상태 유지에 집중합니다.

3. 만일 허밍으로 상, 하행하는 과정이 익숙하지 않아 목이 조이면서 소리의 끊김, 뒤집어짐Flip이 계속 발생한다면, 두성밸런스 연습 때와 마찬가지로 첫소리의 복소리를 최대한 낮추고 줄여서 시작해 보세요. 그리고 시범 영상과 같이 우선 입을 개방하여 두성밸런스로 라운딩을 먼저 실시한 후, 이어서 입을 다물어 라운딩을 해보면 차츰 입을 다물고 진행하는 데 익숙해질 것입니다. 혹 음성 장애나 목에 피로가 장시간 누적되어 있을 때에는 허밍으로 상행하는 연습이 입이 개방된 두성밸런스보다 어렵게 느껴질 수 있습니다. 그럴 때에는 이후에 나오는 입술떨기를 허밍 라운딩 훈련으로 대체하여도 무방합니다.

허밍 프로그램 2단계

허밍 프로그램 1단계가 목의 이완, 안정에 초점을 맞춰 진행된 과정이라면, 허밍 2단계는 흠~ 하며 호흡 먼저 내어 '말하는 목소리(육성)'를 추가시켜 성대의 접촉력을 높이는 단계입니다. 이 과정을 통해 자연스럽게 얻어지는 복부의 긴장감과 소리의 변화 등을 알아차리고 앞으로의 발성, 가창을 보다 수월하게 할 수 있는 실질적 방향을 이해하게 될 것입니다.

1. 소리를 내기 전 시범 영상과 같이 입술을 좁혀 촛불을 끄듯이 호흡을 길게 내어 봅니다. 그런 다음 짧게도 호흡을 내 보며 복부의 유기적인 긴장을 형성시켜 보세요.

2. 그다음으로 말하는 목소리 교정에서와 같이 허밍 형태로 입술을 살포시 닫고 흠! 흠! 하며 소리 내 봅니다. 이때 호흡을 후~ 불 때와 같이 자연스럽게 따라오는 복부의 긴장감을 알아차려 보세요. 그런 다음 흠! 흠! 하며 목소리를 내어주며 음정을 회전하듯 올렸다 내려 봅니다. 이때 주의할 것은 음정이 올라가고 내려가는 모든 상황에서 첫소리에서의 복부 긴장감이 풀어지지 않도록 하여야 합니다. 그러려면 의도적으로 배에 힘을 주는 것이 아니라 지속적으로 혀와 목, 턱의 안정과 함께 목소리를 지속적으로 내주어야 합니다. 간단한 것 같지만 막상 연습해 보면 자신도 모르게 자꾸 소리의 느낌을 따라가며 발성하려는 습관이 생기게 됩니다. 그러니 소리를 가성으로 넘기려 하거나 혹은 콧소리로 얇게 소리 내려는 잘못된

습관이 생기지 않도록 주의하세요.

이때 주의사항으로는, 시범 영상과 같이 너무 약하게 소리 내는 경우와 반대로 너무 세게 소리 내려는 경우입니다. 또한 음정을 하행하는 과정에서 목소리를 풀어버리는 경우, 도중에 복부의 긴장과 함께 호흡도 빠져버려 첫소리로 돌아오지 못하게 되니 이 점도 주의하기 바랍니다.

허밍 프로그램 3단계

허밍 프로그램의 마지막 3단계의 연습법은 앞선 2단계에서 기식음의 콧바람 'ㅎ'을 빼고 '흠' → '음'과 같이 동일하게 음정을 회전하는 것이 전부입니다. 이러한 과정이 이루어지는 이유는, 앞선 2단계에서 초성 'ㅎ'을 통한 호흡의 역동성과 성대의 접촉력은 유지시키지만 'ㅎ'의 기식음에 의해 횡격막의 탄성회복작용*이 순간적으로 발생하며 낭비되는 호흡과 성대의 부담을 줄이기 위해서입니다. 실제 가창을 위해 초성의 'ㅎ'을 제거하지만 이완, 안정을 통한 효과적인 긴장을 가장 균형 잡힌 상태로 체험하게 해주는 단계인 것이죠.

---

* 횡격막의 탄성회복작용: 깊은 호흡에 의해 아래로 수축된 횡격막이 다시 원래의 상태로 돌아가려는 작용을 말한다.

허밍 3단계는 훈련 자체가 가지고 있는 성격 때문에 '세팅setting' 이라고 명명하기도 합니다. 이 과정이 이완과 안정을 통해 효과적 인 긴장을 이끌어낸 '고급 단계(운동 학습 단계)'이면서 발성에서 필 요한 모든 기능적인 조건이 치우침 없이 '준비 완료'된 상태이기 때 문이죠. 연습자는 가장 안정된 상태(허밍)에서 가장 안정된 소리(이 완을 통한 효과적인 압력)의 기준을 이 '세팅'을 통해 이해하고 이후 의 발성, 가창 훈련에 있어 당분간은 첫소리의 '표준 밸런스'가 될 것입니다. 그럼 허밍 프로그램의 마지막 단계 '허밍 3단계(허밍 세 팅)' 연습을 시작해 보겠습니다!

1. 앞선 허밍 2단계 '흐~음'에서 'ㅎ'의 숨소리를 없애고 '음~' 하 며 몇 차례 소리를 내어 봅니다. 이때 스타카토 방식으로 짧게 끊어 내지는 않지만 2~3초가량 길게 내어주고 멈추어주길 반복하세요. 그러면서 첫소리 'ㅎ' 숨소리 없이도 복부의 긴장감이 따라올 수 있 도록 해주세요.

2. 첫소리에 기식음 'ㅎ' 없이 소리 내는 것이 익숙해졌다면, 이 번에는 2단계와 같이 음정의 높낮이를 회전하듯 내어 보세요. 조금 더 쉽게 보자면, 허밍 1번과 동일한 밸런스에 'ㅎ' 없이 목소리만 추가된 것이라 생각하면 됩니다.

3. 음정의 상행, 하행 과정에서 목소리의 느낌이 이동하며 달라 진다 해도 목의 안정을 유지하면서 말하는 목소리의 자리(말자리)

가 흐트러지지 않도록 합니다. 그렇게 된다면 2단계와 마찬가지로 복부의 긴장감, 압력은 안정되게 유지됩니다. 허밍 3번 훈련 과정에서 나타나는 문제점은 앞서 허밍 2번과 동일한 경우가 많으므로 참고하면서 연습해 보길 바랍니다.

말자리: 말하는 목소리의 자리와 위치의 줄임 표현

'두성밸런스'가 최소한의 소리로 음정의 상, 하행 과정에서 성구가 자연스럽게 전환될 정도로 목의 안정을 유지한 것이라면, '말자리'는 그러한 안정을 바탕으로 정상적인 발성과 노래를 위해 목소리(육성)를 내어줌(더해줌)을 의미합니다. 그 결과로 성대의 접지력을 높여주어 소리가 외부로 잘 빠져나가게 되며 복부에는 자연스러운 압력이 형성됩니다.

앞으로 나올 말하듯 노래하기 최종 가창 훈련에서, 두성밸런스는 음정과 가사를 익히고 순화하기 위한 선창으로 진행하고 이후 음정을 평조(모두 같은 음높이를 유지)로 목소리를 내어(말자리 훈련) 앞선 순화를 바탕으로 다시 한번 발성하게 됩니다. 그런 후 이 종합적인 밸런스를 실제 가창에 적용하여 노래하게 되면 이완과 긴장의 적당한 균형을 체험하며 안정된 노래 부르기를 경험하게 될 것입니다.

마지막으로 한 가지 당부할 부분은, 허밍 3단계에서 음정이 높아질수록 느껴지는 얇은 소리의 변화를 앞으로 훈련하게 될 입을 개방하는 발성이나 노래에 적용하려 해서는 안 됩니다. 우리는 의도적으로 얇게 소리 낸 적도 성구를 연결한 적도 없죠. 그저 목의 안정과 이를 유지하면서 목소리를 낸 것이 전부였습니다. 그러니 소리의 감각을 따르지 말고 기능적인 준비와 시도에 집중하는 것이 지금과 앞으로의 연습에 도움이 될 것입니다. 그럼 이제부터 허밍 3단계를 바탕으로 입을 개방하는 훈련이 진행됩니다.

사
례
5

가수 **정승환**

새가 오래 날아가려면
두 날개의 균형을 맞추어 나는 것이 중요!

정승환 님은 〈K팝스타〉라는 대형 프로그램 오디션을 통해 선발된 신예 발라드 가수입니다. 지금은 정통 발라드 가수 계보를 잇는 발라드 세손으로 불리고 있죠. 여담이지만 정승환 님은 먼저 저에게 발성 트레이닝을 받고 있던 가수 양요섭 님을 방송에서 만나 발성 지도 선생님 소개를 부탁했고 그 인연으로 지도를 맡게 되었습니다.

우선 출강을 제안받게 되면 지도를 맡은 가수의 노래를 며칠이고 찾아 듣게 됩니다. 제가 발성을 지도하다 보니 음악적인 것이면에 본래 목소리와 음역대별 톤의 변화는 어떤지, 음정 끝처리와 서스테인(유지)은 어떤지 등을 위주로 듣게 됩니다. 정승환 님에게는 다른 가수들보다 소리적인 부분에서 매우 탁월한 면이 있었습니다. 저는 직접 만나 그 소리를 듣고 싶어졌습니다.

드디어 정승환 님을 만나 레슨을 진행하게 되었고 레슨을 마칠 무렵 저는 "제가 지도하는 이완(모음 순화) 부분에 대해선 이미 너무 잘하고 있네요."라고 말해 주었고 그러자 정승환 님은 "네. 잘은 모르지만 저도 그게 중요하다고 생각해서 노트에 힘을 빼는 부분에 대해 이렇게 그림이나 느낌들을 메모해 놓았어요. (그림을 보여주며) 저만 아는 느낌이라 말로 표현하긴 어려운데 오늘 레슨을 받아보니 원장님이 말씀하시는 부분과 많이 비슷해서 좀 놀랐어요."

하지만 새가 균형 있게 날기 위해선 두 날개를 동일하게 움직여야 하죠. 정승환 님은 이완을 통한 감정적인 표현이 뛰어난 반면 고음에서 성대 접촉률을 높이는 방식(이 부분은 경력이 많은 가수들과 성악가들조차 노래에 적용하기 어려워하는 부분이기도 합니다.)에서는 다소 어려움을 토로하고 있었습니다.

〈K팝스타〉오디션 현장에서 심사위원이었던 가수 박진영 님은 정승환 님의 발성에 대해 "흉성에 기반을 둔 파워에만 의존해 무리하게 고음을 올리는 모습을 종종 보였다."라고 평가한 바 있었죠. 어쨌건 결정을 해야만 했습니다. 이미 대형 오디션으로 알려진 자신의 목소리 색깔이 훈련을 받는 과정에서 바뀌게 될 수 있다는 것에 대하여. 저는 우려를 보였지만 정승환 님은 아랑곳하지 않았고 2개월쯤부터 저의 커리큘럼을 완벽하게 이해하고 흡수해 버렸습니다.

그건 아마도 정승환 님이 명석함과 뛰어난 센스도 가지고 있었겠지만 이미 목의 안정을 통한 소리의 길을 알고 있었기 때문인 것 같았습니다. 그 안정된 밸런스를 바탕으로 마치 울거나 웃듯이 복부와 자연스러운 작용을 이해하고 나니 놀라울 정도로 빨리 좋아졌죠.

레슨이 종료될 즘에는 대학 축제 공연을 가서 노래를 부르는데 "발성에 자신이 붙어서 너무 재밌게 노래했어요."라고 할 정도로 적응력이 뛰어났습니다. 그럼에도 예전의 목소리를 그리워하는 팬들도 있다는 걸 압니다. 저 역시 초창기 때의 풋풋하고 설레는 감성으로 노래하던 정승환 님의 노래가 그리울 때도 있습니다.

하지만 발성 교정의 의도가 듣기 좋은 소리를 내는 훈련이라면 그 가수는 또다시 괴로운 목 상태를 버텨가며 노래하게 될 겁니다. 다행히 정승환 님은 이제 발성법이 능숙하게 체화되어 발매하는 앨범마다 음역과 테크닉, 서스테인 면에서 이전보다 많이 건강해진 걸 제 지인들이 먼저 전해줍니다.

그런 정승환 님은 단독 공연을 위해 1년여 만에 다시 저와 만나 발성 체크를 받았고 이후 저에게 했던 말은 아직도 기억이 납니다.

"발성은 기초 과정에서 뭔가 새로운 걸 더 배워 나가는 게 아니라 그 기초를 바탕으로 더 깊이 알아가는 게 맞는 것 같아요."

9

허밍 프로그램 3단계
보충 훈련

입술떨기 lip trill

입술떨기 연습은 긍정적인 구강 압박으로 호흡 근육을 신속하게 완전한 운동으로 유도해 주게 됩니다. 일반적으로 보컬 워밍업 warming-up에 많이 활용되고 있죠. 또한 올바른 성구 전환을 통한 입술떨기는 성대 마사지 효

QR 코드 영상 시범 ⑩

과가 있어 다양한 음성치료의 보조 치료 방식으로도 좋은 효과를 나타냅니다. 참고로 뒤에 나올 발성장애 파트에서도 입술떨기를 함께 다루게 될 것입니다. 그럼 올바른 입술떨기 3단계를 상세히 알

아보고 시범 영상과 함께 연습해 보겠습니다.

1. 입술떨기

입술떨기를 시작하기 전, 우선 소리를 내지 않고 오직 입술만을 떠는 방법부터 배워보겠습니다. 시범 영상과 같이 입술의 긴장을 풀어주기 위해 입술 양 끝에서 볼 쪽으로 5cm가량 떨어진 곳에 손가락을 대고 가볍게 위로 올려주세요. 그런 다음 호흡을 내어주면서 가볍게 입술을 떨어봅니다. 잘 안 될 경우 마치 오토바이 시동을 걸듯 가볍게 끊어주며 호흡을 내어 보세요. '브르르!(쉬고 다시) 브르르!' 하면서 입술 떨림을 촉진한 후에 다시 길게 내어 봅니다.

2. 두성밸런스 라운딩 입술떨기

두성밸런스 라운딩을 입술을 떨며 자유롭게 상, 하행하면 됩니다. 하지만 만일 소리의 끊김(뒤집힘)이 느껴진다면 다시 입을 완전히 개방하여 본래의 두성밸런스 라운딩으로 정상적인 성구 전환을 체크한 후에, 다시 입술떨기로 진행하세요.

3. 목소리 내며 입술떨기

최종 입술떨기 과정에서는, 앞선 입술떨기를 바탕으로 목소리를 내어주면 (유지) 됩니다. 우선 본 연습을 시작하기 전, 호흡법에서 연습하였던 날숨 연습 '스~' 하며 호흡을 내어주는 스네이크 연습 혹은 부정교합을 위한 날숨 연습(입술을 좁혀 바람을 불어내는 연습) 중 하나를 선택하여 몇 차례 실행합니다. 그렇게 호흡 근육을 촉발한 후에는 허밍 3번과 같이 목소리를 자신 있게 내어주며 입술떨기를 연습해 보세요.

만일 말하는 목소리가 추가된 후 후두의 안정이 흐트러져 소리의 끊김이나 뒤집어짐이 도저히 해결되지 않을 때에는 목소리를 최대한 조금씩 키워나가면서 목에 부담이 가지 않도록 연습해 보세요. 연습 도중 어지러움과 상체 부근에 저림 증상이 나타날 때는 참지 말고 이상 증상이 완전히 사라질 때까지 충분한 휴식을 취하세요. 이는 평소보다 과한 호흡을 사용한 것이 이유일 수 있겠지만, 미숙한 입술떨기 혹은 성대의 접촉이 원활하지 않을 경우 과도한 호흡이 방출되어 생기는 증상입니다. 훈련 과정이 점차 능숙해질수록 그러한 증상은 사라지게 됩니다.

혀떨기 tongue trill

혀떨기 또한 입술떨기와 마찬가지로 목소리를 풀어주는 좋은 워밍업 연습입니다.

연습 방법으로 먼저 혀가 적당한 저항체 역할을 하기 위해서 'R' 발음을 길게 내어 봅니다. 그러면서 혀가 입천장에 닿기 위한 혀의 적당한 긴장감을 느껴보세요. 발음을 유지하기 위한 혀의 긴장감을 유지하며 소리 혹은 호흡(혹은 동시에)을 내보낼 때 혀 앞쪽이 이완되어 '아르르르' 하며 혀가 떨리는 원리입니다. 혀떨기가 익숙해지면 시범과 같이 음정을 높였다가 다시 내려오며 회전하는 연습을 해 봅니다. 이때 소리가 끊기지 않도록 주의해야 합니다.

혀떨기가 충분히 연습이 되었음에도 아직 어려움이 느껴진다면 마지막으로 시범 영상과 같이 위 치아로 아랫입술을 닫고 호흡을 강하게 내보냅니다. 복부에 충분한 긴장이 따라왔다면 입을 열어주며 프! 호흡을 내보내 줍니다. 여기까지 익숙해졌다면 프! 하고 입을 여는 순간 'R' 발음을 하듯 혀를 입천장에 올려주며 '프르르르' 하고 혀를 떨어주면 됩니다. 그러면서 회전하듯 음정을 높이고 낮추어 보면 앞선 기본적인 연습보다 호흡 근육의 충분한 지지를 받기 때문에 보다 탄력적으로 연습을 진행할 수 있게 됩니다.

호흡 불기

마지막으로 날숨법에서 입술을 좁혀 호흡을 불어주었던 상태를 진행합니다. 그런 다음 앞선 연습들과 같이 목소리를 내어 회전하듯 음정을 오르내려 보세요. 그럼 우리 목과 호흡 근육 간의 유기적인 협응성을 동일하게 촉발하게 됩니다.

10

말하듯이 노래하기 위한
발성 훈련

QR 코드 영상 시범⑫
남자 시범

QR 코드 영상 시범⑬
여자 시범

QR 코드 영상 시범⑭
남)독자 연습

QR 코드 영상 시범⑮
여)독자 연습

지금까지 말하듯 노래하기의 올바른 이해와 습득을 위해 허밍 프로그램 3단계와 입술떨기, 혀떨기 훈련까지 해 보았습니다. 이제는 가창 훈련을 위해 이를 바탕으로 입을 완전히 개방하는 모음 발성 훈련을 시작하게 됩니다. 시범 영상을 참고하면 앞으로의 훈련을 쉽게 이해할 수 있습니다.

발성 훈련에서 일반적으로 가장 많이 실수하는 사례는, 저음 첫 소리에서 힘을 완전히 빼고 소리 내는 경우입니다. 그러다 보면 음정이 높아지는 과정에서 점차 소리를 내지르거나 목이 조여오는 소리를 내게 됩니다. 반대로 고음에 대한 염려로 첫소리를 너무 세게만 내는 경우도 목에 유사한 문제들이 나타나게 됩니다. 모두 첫소리부터 올바른 성대 접촉과 복부의 유기적인 긴장이 이루어지지 않은 결과들이죠. 이를 교정하기 위한 훈련 과정은 첫 번째로는 음정 변화에 대하여 자연스러운 성구의 전환을 바탕으로 목의 안정을 교정하는 두성밸런스 선창 훈련입니다. 두 번째로 첫소리에 허밍(3단계의 '세팅')을 시작으로 목소리를 붙여주어 지정된 스케일 음정을 발성해 보는 훈련입니다. 이 방식이 익숙해지면, 세 번째로 첫소리의 허밍을 생략하고 본래의 모음 그대로의 입을 개방하여 본래 모음의 입 모양으로 훈련을 이어나가는 것이 최종 목적이 됩니다.

① 목에 힘 빼기 (두성밸런스 선창)
② 허밍을 통한 그리고 허밍을 제외한 모음 발성
③ 고음에 대한 올바른 인지

고음으로 상행하는 훈련에서는 각별히 염두에 두어야 할 것이 있습니다. 그것은 음정의 변화에 따른 소리(음질)의 변화*를 낯설겠지만 부드럽게 받아들이는 것입니다. 즉 소리 느낌이 바뀌건 바뀌지 않건 너무 신경 쓰지 않고, 모음 순화에 주의를 집중해야 더 좋은 결과를 얻을 것입니다. 그럼 순서대로 개방된 모음을 통한 발성 훈련을 시작해 보겠습니다.

① 두성밸런스 선창

앞으로 진행될 모든 발성 스케일은 항상 두성밸런스를 통해 사전에 발성기관의 안정을 조정한 후 진행하게 됩니다. 시범 영상을 유심히 들어보면 어떠한 음정으로 높아지고 낮아지더라도 소리의 끊김 없이(성구 연결) 부드럽게 진행되고 있습니다. 특히 고음부 (교정된)가성에 다다랐을 때는 저음과는 다른 공명된 울림이 들리고 실제 느껴집니다. 그렇다고 지금 당장 여러분 모두가 시범과 같이 동일한 음질과 울림이 나와야 하는 것은 아닙니다. 최대한 첫 숨에서의 혀와 목의 편안한 안정(저음의 상태)을 음정의 변화에도 유지하도록 노력하는 것이 매우 중요합니다. 여기서 다루지 않는 여타

• 이 부분을 이탈리아 성악 교육에서는 파사지오(passaggio) 테크닉이라 하는데 경과음, 통과/환성점이라고 한다. 저음에서 고음으로 상행하는 과정에서 중간 음역의 어려움을 극복하기 위해 성구 전환을 바탕으로 이루어지는 발성 테크닉의 용어이다. 파사지오 훈련의 궁극적인 목표는, 각 음정에 맞게 성대의 두께가 달라지면서 음질의 차이가 나타나는데, 이 변화되는 음질을 균일하게 유지하여 하나의 음성으로 들리게 하는 것에 있다. 필자가 파사지오를 바라보는 시각은 의도적인 전환이나 특별한 테크닉이 아니다. 낮은 저음부터 중, 고음까지 목의 안정을 일관되게 유지할 때 (두성밸런스 훈련을 통해서 알 수 있듯) 자연스럽게 울림의 위치가 바뀌는 순리의 구간이라고 표현하고자 한다. 그런 후 점차 목소리를 더해가며 성대 접촉을 높여갈수록(더불어 복부 압력이 더해갈수록) 점차 저음과 고음의 균일한 음성을 체험하게 된다. 다만 처음 이 소리를 접하는 경우에는 낯선 느낌 때문에 거부하거나 반대로 집착하게 되는데, 올바른 이해와 습득을 위해서는 어떤 음정과 가사의 변화에도 주의력을 지속하며 모음 순화에 집중해 주면 된다.

의 모음들도 이와 같이 연습해 보세요.

② 허밍을 통한 모음 발성과 허밍을 제외한 모음 발성

두성밸런스 선창을 통한 목의 안정된 상태를 바탕으로, 첫소리에 입을 닫고 목소리를 내어 복부의 유기적인 긴장을 형성한(허밍 세팅) 후, 다시 입을 개방하여 발성을 진행합니다. 이 훈련에서도 턱과 볼을 양손으로 가볍게 감싸주어 연습하여도 좋습니다. 그렇게 첫소리를 허밍으로 시작하여 개방하는 발성이 어느 정도 익숙해졌다면, 두 번째로는 첫소리부터 모음 본래의 발음으로 개방하여 시작합니다. 입을 열어도 입을 다물었을 때(허밍 3번)와 동일한 효과가 나올 수 있도록 하는 것이 이 훈련의 목적입니다.

이 연습은 혼자서 훈련하기에는 굉장히 까다롭고 많은 실수를 겪게 되는 과정입니다. 때문에 제가 실제 레슨을 지도할 때 자주 설명하는 내용들 몇 가지를 정리해 보았습니다. 꼭 참고하여 올바른 방향으로 훈련이 진행되길 바랍니다.

✓ 첫소리가 이후의 고음을 좌우한다!

비전공자인 일반인들에게 폭넓은 8도의 음정을 건반 소리에 맞춰 발성한다는 것은, 분명 심적으로 큰 부담으로 작용할 것입니다. 그러한 부담을 줄이기 위해서는, 무엇보다 첫소리의 허밍 세팅에서 밸런스에 만전을 기하여야 합니다. 이는 이후 이어질 최고음정을 대비하여 첫소리 허밍부터 말하는 소리를 자신 있게 내어 복부의 유기적인 긴장이 충분히 형성되도록 하는 것, 그런 첫소리의 준비에 만전을 기하는 것입니다. 그럼 음정의 상행 과정에 있어 이전보다 큰 소리로 고음을 밀어내지 않게 되고 목의 부담이 줄어 안정적으로 음정들을 발성할 수 있게 됩니다. 즉 저음을 소리 낼 때 저음만 보고 소리 내는 것이 아닌, 이후에 이어질 최고음을 염두에 두고 소리를 내라는 것이죠. 그러나 지나친 것은 부족함만 못하다 하였죠. 첫소리에서 혀와 턱에 긴장이 들어갈 정도로 강하게 소리 내는 것은 결국 성구 전환의 원활한 성대 스트레칭을 방해하는 요소로 작용하니 치우침이 생기지 않도록 주의하시기 바랍니다.

✓ 첫소리를 잘 냈다면, 입을 여는 순간에 주의하라!

첫소리에 허밍 세팅이 잘 이루어졌다면 이어서 그대로 해당 모음으로 발성하면 됩니다. 그런데 실제 교육 현장에서 많은 분들이 겪게 되는 두 가지 문제가 있죠. 첫 번째로, 허밍 다음 입을 여는 순간 발음을 세게 소리 내어 턱과 목에 긴장이 생기는 경우입니다. 이를 교정하기 위해 양 볼에 양손을 대고 가볍게 모아주어 턱의 긴장을 줄여주며 연습을 진행하여도 좋습니다. 두 번째는 첫 번째와는 반대로 혀와 목의 안정 상태가 흐트러질 것을 염려하여 너무 소극적으로 목소리를 내는 경우입니다. 그렇게 되면 입을 열고 음정을 상행 및 하행하는 과정에서 복부 긴장감이 풀어지면서, 결국 목이 조이는 불편함을 겪게 되죠. 이완과 그에 따르는 효과적인 긴장에 대한 적절한 조화와 균형은, 많은 시행착오를 통해 연습해 보아야 깨닫게 됩니다. 이러한 개방된 형태의 발성 습관은 이후에 첫소리부터 입을 완전히 개방하여 진행하는 훈련에서도 그대로 영향을 미치게 되니, 각별히 인지하고 주의하면서 연습해주길 바랍니다.

✓ 고음에서 내려오는 음정(중, 저음)은 고음만큼이나 중요하다!

지정된 스케일의 최고음정을 발성한 후 이어서 낮은 음정으로 내려올 때, 사람의 심리는 당연히 낮은 음정으로 내려가고 있으니, 안심하듯 소리의 세기를 풀어버리게 됩니다. 그러나 그로 인해 상행할 때와는 다르게 복부의 호흡 근육이 풀어지면서 소리가 무거워져 목이 쉽게 지치고 상하는 원인이 됩니다. 또한 바로 다음 음정을 위한 호흡 준비에도 좋지 않은 영향을 미치게 되죠. 아마추어, 프로 가수 모두 명확히 알아차리지 못하는 습관 중 하나이기도 합니다. 이러한 중, 저음에 대한 발성 습관이 바로 잡히면 고음에 대한 두려움과 혼란이 점차 사라지게 되고 효과적이며 건강한 발성을 이해하는 데 큰 도움이 됩니다.

✓ (첫소리)입을 완전히 개방하고 시작하여도 허밍(세팅)과 같은 밸런스여야 한다!

마지막으로는 원활한 가창 적용을 위해 첫소리에 입을 완전히 개방한 상태로 발성을 진행하게 됩니다. 이때 역시 이완에 치우쳐 지나치게 허한 듯 소리 내거나 반대로 과도한 세기로 소리를 내어 목이 조일 수도 있겠죠. 그러니 개방된 모음으로 시작하여도 첫소리를 허밍 세팅과 같은 균형 잡힌 밸런스로 시작해 주세요. 만일 다양한 모음으로 발성할 때, 앞선 허밍으로 시작할 때와 다른 불편한

소리로 느껴진다면, 서두르지 말고 당분간은 첫소리를 허밍의 '음
~(음마~, 음메~, 음미~)'으로 시작하는 것과 교차로 진행하여도 좋
습니다.

③ 고음 구간(몸의 감각)에 대한 올바른 인지

음정이 고음으로 높아지는 과정에서 느껴지는 생소한 변화가 자
연스러운 것이라지만 이전과 다른 낯선 음질과 내적 감각의 변화
가 사람마다 다양한 느낌으로 나타납니다. 그래서 연습 도중 잘못
된 인지와 반응으로 개인 훈련이 고달파질 때가 많죠. 그래서 연습
을 진행하는 동안 다음에 소개된 생각의 흐름을 읽어보며, 자신도
그런 오류를 범하고 있지 않은지 체크해 보길 바랍니다.

〈A〉

① "어? 소리가 뒤로 들어가는 듯하고 가볍게 위로 올라가네!"
② "자! 그럼 다시 한번 뒤로 소리 내 볼까!"
③ "어? 왜 아까처럼 안 나오지?"

〈B〉

① "배의 힘이 받쳐 주니까 소리가 편하게 나오네!"
② "자! 그럼 어디 배에 힘 좀 줘볼까!"
③ "어? 왜 아까처럼 안 나오지?"

A와 B 모두 ①이 발성기관의 기능적인 조율에 의해서 자연스럽

실례로 유명 보컬 그룹의 가수 K 님을 지도할 때의 일입니다. 〈복면가왕〉이라는 방송 출연 이후 조금 더 발성을 교정받고 싶다며 레슨을 요청하셨죠. 레슨 도중 파사지오를 통해 이전에 내보지 못한 안정된 고음을 내게 되었고, 그때 가수 K 님은 의아해하며 이런 말을 제게 했습니다.

"어… 이 소리가 맞는 거예요? 이 소리 예전에도 내본 적이 있는데, 노래에 쓰지 못하는 것 같아서… 조금 이상하게 들리는 것 같아서 안 냈었는데… 이 소리를 노래에 쓸 수 있는 건가요? 사실 예전에도 우연치 않게 나온 소리라 다시 내보려고도 했었는데 잘 안 되더라고요." 또 어떤 트로트 가수 분은 이렇게 말했습니다. "아!! 이 소리가 저도 너무 내고 싶었어요. 컨디션이 좋으면 한 달에 두세 번 정도 나왔던 것 같은데, 그 감각을 되살려서 다시 해 보려 했는데 잘 안 되더라고요!"

게 나온 반응 및 결과라면 ②는 ①에서 느껴졌던 감각이 마치 그 결과의 원인이었던 것처럼 뒤바뀌어 생겨난 오해입니다. 그래서 결국 ③과 같이 기능적 이치에서 벗어나 스스로 술수에 빠져 혼란을 겪게 되는 것이죠. 이는 유독 소리 연습뿐만이 아니라 신체를 통해 점진적인 깨달음을 얻는 많은 운동에서 겪게 되는 잘못된 사고 진행이라고 볼 수 있습니다.

　사실 전문 가수가 아니더라도 노래를 많이 불러본 일반인들도 파사지오 구간을 처음 경험하면 앞선 사례의 가수들과 비슷한 반응일 겁니다. 일정 음역에서 느껴지는 감각적인 부분에 대해 개인적인 생각과 판단을 기준 삼아, 거부 반응을 일으키거나 과도한 집착에 빠져 버리게 되면, 기능적인 메커니즘에 대해 일정하게 집중하기가 매우 어려워지죠.

　이와 같이 파사지오 구간을 통해 중, 고음역에서 신체의 기능적인 부분과 인지적인 부분을 동시에 안내하는 이유는, 개인 연습에서 일어날 수 있는 다양한 방면의 혼란과 시행착오를 줄이기 위해서이죠. 또한 올바른 고음의 길을 통해 다시금 첫소리 발성을 더욱 세밀하게 재교정하여 저음과 고음을 '한길'로 노래하려는 목표가 담겨 있습니다. 그로 말미암아 결국 자연스러움에서 비롯된 파사지오를 잊고 마음껏 노래에 빠져들어 '음학音學'이 아닌 '음악音樂'으로 다가갈 수 있도록 첫소리에서부터 그 기능적 자유로움을 발견하게 되는 것입니다.

11

말하듯이 노래하기 위한
최종 가창 적용 훈련

QR 코드 영상 시범⑮
남자 시범

QR 코드 영상 시범⑯
여자 시범

QR 코드 영상 시범⑰
남)독자 연습

QR 코드 영상 시범⑱
여)독자 연습

이제 말하듯 노래하기 최종 훈련에 도달하였습니다. 끝을 향해 가는 것이 아니라 이제부터가 본격적인 시작이라고 보는 것이 맞을 것 같습니다. 지금부터는 여러분의 노래하는 습관과 수없이 부딪히는, 정말 힘든 시간이 될 것입니다. "크게 버리는 사람이 크게 얻는다."라는 말이 있죠. 무언가를 과감하게 버렸을 때 어떤 것을 얻게 되는지, 쉽게 따라 할 수 있도록 간단하게 정리해 보았습니다.

우선 시범 영상을 들어보면 앞선 발성 훈련과 마찬가지로, 첫소리마다 올바로 준비되지 않은 상태가 점차 노래 부르기를 어렵게 만드는 요인으로 작용한다는 것을 알 수 있습니다. 그래서 시범 영상에서 진행된 가창 훈련 3단계를 상세히 알아보고 함께 교정해 보겠습니다. 간단해 보이는 이 훈련법은 지금까지도 현역 가수들에게 지도되는 기본 발성 교정 방식이니, 집중해서 반복 연습하길 바랍니다.

말하듯이 노래하기 위한 가창 적용 훈련 3단계

〈1단계〉 두성밸런스 가창
〈2단계〉 말자리(평조) 가창
〈3단계〉 지정 멜로디 가창

〈1단계〉 두성밸런스 가창

첫 번째 교정 방법은 모음 순화와 같은 맥락의 연습법입니다. 정상적인 노래를 부르기 전, 음정과 가사 변화에 대해 우리 목의 안정을 성구 전환을 바탕으로 조절 및 체크하는 과정이죠. 연습을 시작하기 전, 항상 기본적인 두성밸런스 라운딩을 몇 차례 실시하며 첫 숨과 첫소리에서 혀와 목, 턱의 이완, 안정에 주의를 두고 있는지 체크해 보세요. 그럼 〈애국가〉 1절을 지정된 음정에 맞춰 불러 보겠습니다. 처음에는 음정이 낮은 저음 부분에서 마치 '사오정' 소리처럼 육성과 가성이 뒤집어지듯 불안한 소리가 나올 수 있지만 너무 신경 쓰지 않아도 괜찮습니다. 최대한 음정과 가사의 변화에 대해 첫 숨에 준비하였던 혀와 목의 편안한 저음 상태를 유지하며 노래하는 것에 집중하세요.

> * 연습 초반에는 대한민국 사람이라면 누구나 알고 있는 〈애국가〉를 노래 연습에 사용합니다. 간단한 멜로디에 발성 적용이 익숙해진다면, 이후에는 평소 어렵지 않게 부를 수 있는 곡부터 이 방법을 적용하여 훈련해 보시길 권해드립니다.

> 동해물과 백두산이 마르고 닳도록 하나님이 보우하사 우리나라 만세 무궁화 삼천리 화려 강산 대한 사람 대한으로 길이 보전하세

〈2단계〉 말자리(평조) 가창

2단계는 1단계 두성밸런스의 모음 순화를 바탕으로 같은 음정(평조)으로 이어서 발성하는 연습입니다. 말자리 훈련의 목적은 성대 접촉을 높이기 위함으로, 복부의 유기적인 긴장이 따라올 정도로 목소리를 내주어야 합니다. 하여 소리를 내기 전 날숨 호흡법에서 익혔던 '스~' 혹은 '후~' 하며 호흡을 불어주어 5~10회 정도 실시하여 복부의 유기적인 긴장감을 촉발하세요. 그런 후 허! 허~ 하

며 길게 내었던 방식을 응용하여, 앞서 두성밸런스 가창을 통해 세밀하게 순화하였던 목 상태로 소리 내어 보세요. 평소 목소리보다 어눌하고 굵은 느낌이 먼저 들 수 있지만 의도적으로 그런 소리를 내려고 하진 마세요. 말자리 훈련도 모음 순화의 기능적인 약속에 집중하여 연습하는 것이 매우 중요합니다.

(평조)동해물과 백두산이 마르고 닳도록 하나님이 보우하사 우리나라 만세
무궁화 삼천리 화려 강산 대한 사람 대한으로 길이 보전하세

사실 두성밸런스와 말자리 선창의 두 연습법은 감각적으로 서로 다른 성구를 사용한다고 느낄 수 있지만, 성대 접촉력과 스트레칭의 차이만 있을 뿐 목의 안정을 위한 모음 순화라는 공통된 기능적 약속을 따르고 있습니다. "높은 것은 낮은 것을 바탕으로 삼는다."라는 말처럼 말자리 평조 훈련은 말하는 발성 훈련에서도 다루고 있으며 노래하기 위한 가창 훈련에서도 안정된 발성 체계를 이해하는 데 지대한 영향을 줍니다. 이후 발성 안정을 위한 두 가지 선창 훈련이 익숙해질 경우, 소리를 무겁게 쓰는 사람은 '두성밸런스 선창'을, 반대로 소리에 힘이 없는 사람은 '말자리 선창' 연습을 더 집중적으로 해주면, 치우친 발성의 균형을 잡는 데 큰 효과를 얻을 수 있습니다.

〈3단계〉 지정 멜로디 가창 완성

동해물과 백두산이 마르고 닳도록 하나님이 보우하사 우리나라 만세
무궁화 삼천리 화려 강산 대한 사람 대한으로 길이 보전하세

마지막 3단계는 앞선 2단계의 말자리 선창 방식을 멜로디를 노래하는 데 그대로 적용하면 됩니다. 즉 애국가의 본래 음정을 노래하되, 발성기관들의 밸런스는 앞선 말자리 선창 방식을 그대로 적용하는 것이죠. 이때 실제 음정을 노래해야 하기 때문에 모음 순화와 더불어 턱을 턱관절에 매달아 놓듯 편하게 유지하며 노래하는 것이 모음 순화를 실제 가창에 적용하는 데 큰 도움이 될 것입니다. 명심하세요! 소리를 낼 때 발음이 불필요하게 관여(불필요한 긴장)하지 않도록 항상 유의하세요. 그럼 여러분이 소리를 내는 모든 에너지가 복부의 유기적인 긴장으로 연결되고 점차 말과 노래하는 모든 소리에서 자유로움을 체험하게 될 것입니다.

저는 레슨 현장에서 기초 발성 훈련을 진행할 때 이런 말을 자주 합니다. "안 될 것 같은데 되면 좋은 소리!"라고 합니다. 이 말의 의미는 혀와 목을 편하게 두고 처음 발성과 노래를 하면 그 전에 목을 조여서 내던 습관과 다르기 때문에 마치 안 될 것 같고 불안한 생각을 하게 됩니다. 하지만 막상 그 상태로 소리를 내어 보면 복부에서 자연스러운 긴장감이 도와주면서 자연스럽고 건강한 발성이 나오게 됩니다. 물론 처음에는 분명 많이 어색하고 내고자 하는 음정이 맞지 않을 것 같다는 의구심이 계속 들 겁니다. 그러나 꾸준히

밸런스를 유지하며 발성과 노래를 시도해 보면 모음 순화된 상태에서 복부의 자연스러운 긴장감을 통해 다소 낯설지만 꽤 안정된 소리가 발성되고 있음을 체험할 수 있습니다. 물론 당분간은 이전에 부르던 자신만의 방식, 스타일에 따라 느껴지는 반응이 각기 다르게 나타날 수 있습니다. '소리가 너무 뒤에 있고 무거운데', '노래하는 것 같지 않다', '가사가 잘 들릴지 걱정이다' 등등. 괜찮습니다, 여러분 모두 정상입니다. 그렇다고 지금 여러분이 내고 있는 소리가 완성된 소리라는 것은 아닙니다. 이전까지 목 주변의 긴장으로 노래를 하다 이제 막 교정을 통해 목이 안정되고, 이전까지 협응되지 않았던 호흡 근육들의 도움을 받고 있으니, 당연히 낯설고 못내 부족하다는 생각이 드는 것은 정상이라는 겁니다.

앞으로 꾸준히 기능적인 밸런스(첫 숨, 첫소리 때마다 모음 순화하며 '말자리'로 발성하듯 밸런스 유지)를 유지하려 노력한다면, 점차 새살이 차오르듯 이전에는 느낄 수 없었던 안정된 목의 편안한 가창 발성을 체험할 수 있게 될 것입니다. 더불어 이와 같은 모음 순화에 따른 복부의 유기적인 압력을 이해한 가창 훈련이 반복되면 이전과 다르게 턱과 입술의 쓰임이 매우 자유로워지는 것도 느낄 수 있을 것입니다. 이후 녹음을 통해 가급적 음정의 정확한 진행을 위해서나 소리의 빛깔을 조절하기 위해 턱은 유연하고 입술은 밝게 사용하길 권장합니다. 그럼 말하듯 노래하기의 모든 과정을 마치기 앞서 마지막으로 발성 연습에서 잊어서는 안 될 중요한 포인트인 '조화와 균형'에 대한 두 가지 이야기를 들려주고 싶습니다.

첫 번째로, 두발자전거를 처음 배우던 때를 떠올려 볼 수 있을까요? 혹은 자전거 타기를 가르쳐 본 경험을 떠올려도 좋습니다. 자전거를 처음 타게 되면 누구라도 그렇듯 균형을 잡지 못해 우측으로 좌측으로 치우쳐 넘어지기를 반복합니다. 하지만 그렇게 며칠, 몇 달 반복 연습하다 보면 어느 날 큰 치우침에서 작은 치우침으로 점차 미세하게 회복해 나가며, 결국 중심을 잡고 자전거 타기에 성공하는 짜릿한 순간을 경험합니다.

두 번째로 앞을 제대로 볼 수 없는 장님이 지팡이를 짚고 걷고 있습니다. 그 사람은 지팡이로 양극단의 가장자리를 더듬으며, 그리로 가지 않으려 세심히 노력합니다. 그로써 그는 자신이 가고자 하는 길을 지속할 수가 있죠. 즉 길이 보이지 않을 때 계속 앞으로 나아갈 수 있는 방법은 오직 가장자리를 더듬어 양극단에 치우치지 않는 것입니다. 즉 이완과 긴장이라는 양극단 말이죠. 아마도 지금껏 연습해 왔던 이 책의 모든 훈련 과정에서 독자들이 겪게 될 가장 큰 어려움이 있다면 그것은 바로 이 양극단의 '치우침'일 것입니다. 힘을 빼려니 너무 힘없이 맥 빠진 소리만 나오고, 조금 더 힘 있는 소리를 내 보면 금세 목이 조이는 것 같고… 자전거를 처음 타듯 이러한 치우침은 앞으로도 수없이 경험하게 될 것입니다. 그러나 지팡이를 든 장님과 같이 양극단의 치우침을 경험해 보지 못하고서는 안정된 균형을 잡기란 불가능합니다. 즉 가장자리를 기꺼이 경험하고 다시 그리로 가지 않으려 노력한다면 점차 극단 속에서 헤매는 시간이 줄어 균형 잡힌 중심을 얻게 될 것입니다.

사실 직접 레슨을 받는 사람들도 자발적인 수많은 치우침을 통한 혼란을 겪으면서도 꾸준한 자기 응시와 여과 과정을 통해 적당한 균형을 잡으며 결국 어느 정도 수준에 다다르는 것입니다. 결국 몸으로 하는 실기實技는 누가 한 번이라도 더 고민하고 실수를 경험했는가에 따라 실력이 나뉜다고 생각합니다. 그러니 책을 통해 연습한다고 해서 안 되는 것 같다며 불평하거나 초조해할 필요는 없습니다.

사
례
7

'조금 더'의 열정은 고양이를
8번 부뚜막에 오르게 합니다.
(Feat. 하이라이트 양요섭 님)

그룹 하이라이트의 메인 보컬 양요섭 님과는 여느 가수분들보다 꽤 오랜 인연이 있습니다. 데뷔한 지 10년이 넘는 베테랑 가수이지만 4년째 저와 발성 훈련을 꾸준히 하고 있죠. 그의 소리에 대한 관심과 열정은 정말 타의 추종을 불허합니다. 실례로 군 입대 후에도 짧은 외박을 나올 때마다 발성 훈련을 받았으니까요. 인기 정상의 아이돌 그룹 메인 보컬이며 이미 보컬로서 다수의 평론가와 작곡가들에게 인정을 받았음에도 매 훈련을 받을 때마다 그에게 느슨함이란 전혀 찾아볼 수가 없었습니다.

일반적으로 어떤 분야이건 타고난 사람들이 있기 마련이죠. 몇몇 타고난 사람들의 치명적인 단점은 타고난 만큼만 능력을 사용하고 그 이상을 노력으로 정진하여 얻으려 하지 않는다는 겁니다. 양요섭 님의 경우 타고난 미성으로 목소리가 높았기 때문에 섬세한 감성과 고음을 노래하는 데 일반 남성들보다 유리했을지도 모릅니다. 하지만 그는 타고남과 현재의 자리에 만족하지 않고 자신이 부족하다고 생각했던 소리의 탄탄함과 성량적인 측면을 개선하려고 노력했습니다. 뮤지컬 무대에 오르게 되면서 자신이 느꼈던 부분을 외면하지 않고 똑바로 마주했던 것이죠. 하지만 결코 쉽지 않았습니다. 자칫 소리만 무겁고 크게 낼 경우, 쉬이 목이 상하고 타고난 소리의 결이 흐트러져 그만의 음악성이 흔들릴 테니 말이죠. 하지만 그는 저를 믿어 주었고 주저하지 않고 훈련에 임하였습니다.

두성밸런스 훈련을 통해 목의 긴장을 직접 관여시켜 소리 내는 것을 줄이고, 복부와의 유기적인 협응성을 촉발시키는 훈련이 진행되었죠. 간단하게 보일 수도 있겠지만, 프로 가수에게 발성 교정은 음성치료를 하는 것만큼 혹은 그 이상으로 상당히 조심스럽고 고된 훈련입니다.

그 누구도 뭐라 하지 않고 오히려 좋은 평판을 받고 있음에도 본인만이 느끼는 소리에 대한 부족함과 열등감을 외면하지 않고 파고드는 마음 자세. 4년이라는 훈련의 시간으로 민달팽이의 움직임처럼 느리지만 포기하지 않는 '조금 더'의 노력 성과는 결국 한 버라이어티 음악 방송을 통해 드러나게 되었습니다. 많은 분들이 잘 아시는 <복면가왕>이라는 프로그램에서 '부뚜막 고양이' 캐릭터로 8연승이라는 엄청난 성적을 거두게 되었습니다.

아이돌 가수로서는 1위, 복면가왕 전체 랭킹 2위라는 경의적인 성적과 더불어 코로나 사태로 힘든 시청자분들에게 노래로 많은 위로를 안겨 주어 '힐링 전문 가왕'이라는 애칭까지 얻게 되었죠. 정말 가수로서 이만큼 행복한 순간이 또 있을까요?

자신의 타고남을 넘어 부족함을 외면하지 않고 극복한 무대라서 그 기쁨이 몇 배는 더 클 것입니다.

성공은 '이룰 성' '공로 공'이라는 뜻을 가지고 있죠. 꼭 큰돈을 벌고 유명해지는 것만이 성공이 아니라 자신이 하고 있는 작은 일들이 쌓여 조금씩 성과를 이루는 것, 그것이 크건 작건 성공의 본래 의미일 겁니다. 이 책에서 소개된 유명 가수들의 성공적인 일화들은 단지 '그렇다'는 겁니다. 즉 모두가 '그럴 수는' 없는 것이죠. 다만 두각을 나타내 찬사를 받건 또 받지 못하건 자신이 알고 있는, 자신만은 잘 알고 있는 문제를 외면하지 말고 조금씩 천천히라도 노력해보시기 바랍니다. '모죽(母竹)'의 성장처럼 당분간 드러나지 않는 결과에 조급해하지 말고 일단 시작해보시기 바랍니다. No action, No change!

4장

발성장애의
이해와 발성 개선 훈련

1

주요 발성장애 이해

이번 장은 어떤 사람에게는 필요 없을 수도 있지만 어떤 사람에게는 무너져버린 일상을 되돌릴 수 있는 아주 절실한 내용이 될 수도 있습니다. 그런 일이 있으면 안 되겠지만, 만일 여러분의 얼굴에 큰 상처가 났다고 생각해 보겠습니다. 그래서 표정도 마음껏 지을 수 없고 상처로 인한 불편함과 고통이 마음에 뿌리를 내렸습니다. 점점 사람들을 회피하게 되고 극심한 스트레스에 우울증까지 겪게 된다면… 그 마음은 과연 어떨까요? 지금부터 제가 설명하는 발성장애들은 얼굴에 난 상처처럼 갑작스러운 큰 사고에 의해서 생기는 장애들이 아닙니다. 평범한 일상생활 속에서 자신도 모르는 사이 만들어진 스트레스와 잘못된 발성 습관들로 오랫동안 고통을 겪게 되는 발성장애들입니다. 과거의 저도 그랬지만 발성장애를 겪는 사람들은 어쩌면 얼굴에 난 상처 이상으로 극심한 괴로움과 고통을 느끼며 살아가게 됩니다. 예상치 못한 사고 후 경제적 손실을 줄이기 위해 미리 보험을 가입하듯이 지금 당장 여러분의 목소리에 문제가 없다 해도, 언제가 있을 수 있는 목소리 장애에 대해 미리 알아보고 어떤 치료 훈련들이 있는지 점검해 보는 소중한 시간이 되었으면 좋겠습니다. 그럼 어떤 잘못된 발성 습관들이 원인이 되고 그에 따른 장애들은 무엇이 있는지, 마지막으로 해결 방법에는 어떤 방법이 있는지 알아보도록 하겠습니다.

1) 성대결절

가수들의 갑작스러운 공연 취소나 활동 중단 이런 비보가 들릴 때 대부분 성대결절에 의해서이죠. 성대결절은 가수나 성우, 강사들과 같이 지속적으로 음성을 사용하는 직업군에게서 자주 나타나는 직업병 증상으로 잘 알려져 있습니다. 병의 경과나 음성 남용 등에 따라 결절의 크기, 색깔, 대칭도가 다르고, 일반적으로 미세혈관 확장을 동반하며 양측성 결절로 나타납니다.

성대결절 원인에 대해 조금 더 알아보면, 목소리를 전문적으로 사용하는 직업군이 아니더라도 오랜 시간 소리 지르기, 만성 기침(습관적 기침), 목소리 변조, 장시간 많은 말하기, 부자연스러운 톤

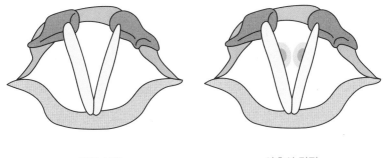

정상 성대   양측성 결절

으로 노래하기 등이 있습니다. 이처럼 가수가 아닌 일반인의 경우도 잘못된 습관으로 성대결절이 나타날 수 있으며, 6~8세 남자 어린이나 출산 후 여성에게서도 성대결절 증상이 나타난다고 합니다. 하지만 최근 자료에 따르면 40대 이상의 중년 여성 환자가 가장 많은 것으로 나타났습니다.

소아의 성대결절의 경우 원칙적으로 수술을 시행하지는 않습니다. 그 이유는 첫째, 수술 후 재발이 잦고 둘째, 소아는 후두의 크기가 작으므로 병소를 정확하게 제거하는 것이 어려우며 셋째, 사춘기 이전에 대부분 결절이 자연적으로 소멸되고 넷째, 수술 후 음성 휴식에 대한 협조가 잘 이루어지지 않기 때문이죠. 중년 여성에게도 성대결절이 자주 나타나는데 그 원인은, 갱년기로 40대에 들어서면 여성 호르몬 분비가 줄어들고 이때 성대 구조도 변화하기 때문입니다. 그래서 평소 목소리가 허스키하거나 자주 갈라지는 40대 이상 여성이라면 성대결절을 의심해 볼 필요가 있습니다.

일반적으로 남성에 비해 여성이 성대 질환을 앓는 경우가 많은데, 그것은 여성의 성대 근육이 남성에 비해 짧고, 성대면 접촉도 쉽지 않은 데다가 외부 자극에 약하기 때문입니다. 그리고 사춘기에 성대 근육을 강화시키는 '안드로겐 호르몬'이 분비되지 않기 때문에, 여성이 남성에 비해 성대 질환을 앓는 경우가 많습니다. 또 남성에 비해 호흡 기능도 약하기 때문에 음주나 흡연 같은 자극에도 성대가 상할 확률이 남성에 비해 높습니다. 더군다나 임신과 출산 과정에서의 급격한 호르몬 변화도 원인이 된다고 알려져 있습니다. 여기서, 본인이 성대결절인지 의심해 볼 수 있는 몇 가지 사항을 안내해 보면, '애성'이라고 하는 쉰 소리, 혹은 목소리가 두 갈래로 갈라지는 '이중음' 등이 2주 이상 지속될 때 성대결절을 의심해 봐야 합니다. 그럴 때는 가까운 이비인후과에 방문하여 성대 점막 상태를 직접 눈으로 확인해 보는 것이 좋습니다.

만일 성대결절로 판명이 날 경우, 정말 심한 경우가 아니라면 음성 휴식voice rest 침묵 요법이나 음성치료voice therapy를 통한 보존적 치료로 대부분 회복이 가능합니다. 하지만 만일 그러한 치료가 안 될 정도라고 진단이 나올 경우에는 불가피하게 결절 제거 수술을 받게 되는 것이죠. 수술 이후에는 대략 3개월 정도 제대로 말을 할 수 없게 됩니다. 문제는 음성 휴식을 통해 쉬는 시간만큼 발성기관과 협조되는 근력들도 함께 약해지기 때문에, 수술이 잘 진행되고 난 후에도 연령과 결절의 상태 그리고 개인의 건강상태에 따라 회복 속도는 각기 달라집니다. 그래서 수술 후 3개월이 지났음에도 회복이 매우 늦는 경우가 있을 수 있습니다. 사실 어떠한 경우라도 음성치료와 발성 교정 훈련을 받으라고 저는 권해주고 싶은데, 성대결절 치료 후 다시 재발하는 가장 큰 이유가 바로 잘못된 발성 습관이 그대로 남아 있어 치료 후에도 시한폭탄처럼 잠재적 발병 가능성을 항상 가지고 있기 때문입니다. 그렇기 때문에 보존적 치료나 결절 제거 수술 이후 재발을 막기 위한 '음성치료나 발성 교정'을 받아야 한다는 것이죠. 이 부분에 대한 교정은 이 책 후반부에서 안내해드리겠습니다.

2) 연축성 발성장애 spasmodic dysphonia

일반인들에겐 많이 알려지지 않은 발성장애로 '연축성 발성장애'가 있습니다. 발성 시에 후두 근육의 불수의적인 연축에 의해 음성 단절break, 긴장성 노력음strained strangled voice, 음성 떨림voice tremor이 나타나는 발성장애입니다. 연축성 발성장애는 성대결절과 같이 소리로 나타나는 병적 기질은 같지만, 성대결절처럼 성대 점막이 섬유화가 되어서 나타나는 질병은 아닙니다. 연축성 발성장애의 경우 성대를 안으로 모아주는 (내전근에 분비되는) 신경전달물질 아세틸콜린이라는 물질이 일정하게 분비되지 않아 생기는 질병으로 알려져 있습니다.

다른 성대 질환에 비해 발병률은 낮지만 난치병이라고 불릴 정도로 완치가 어렵다고 알려져 있습니다. 증상은 젊은 연령층에서는 주로 발병하지는 않으며, 남성보다 여성에게 더 많이 나타나게 됩니다. 증상의 기능적 원인은 목소리를 내는 발성기관이 과도하게 긴장하면서 후두 근육들이 지나치게 수축(연축)되어, 첫소리가 막히고 중간에는 목소리가 떨리게 된다는 점이죠. 보통 목소리의 크기는 성대를 통과하는 공기 양에 따라 결정되기 때문에 일부러 목에 힘을 주어 크게 내거나 작게 내거나 할 때, 성대 주변의 기관과 근육들이 마치 오작동을 일으키듯 발성에 장애를 가져오게 됩니다. 특히 'ㅅ'이나 'ㅎ' 받침이 있는 경우 발음이 잘 안 되는 경우가 많고 목소리 톤이 일정하지 않으며 가성과 진성을 넘나들면서(뒤집어짐) 바람 새는 듯한 소리와 함께, 의도치 않은 목소리 떨림 증세 및 끊기는 증세 등이 나타납니다. 노래를 부를 경우 특정 음역에서 소리가 뒤집어지고 끊김이 심하게 나타납니다. 참고로 연축성 발성장애 진단을 받았다 하더라도 대부분 근긴장성 발성장애인 경우가 많으니, 2곳 이상의 병원에 내원하여 정확한 진단을 받아볼 필요가 있습니다.

이 장애는 의학적 보조 치료로 음성치료와 함께 갑상피열근에 '보톡스(보툴리눔 독소 주입술)'를 통한 주사 치료를 병행하기도 합니다. 그러나 이 주사를 맞으면 성대의 경련에 마취 효과를 주어 일정 기간 떨림이 사라지기는 하지만 그 기간이 짧아 반복적인 주입을 해야 하고 환자 간의 시술 효과 차이를 보여, 시술자마다 용량에 대해 정립된 기준이 부족하다는 문제점이 있습니다. 시술 이후에도 목소리에서 애성의 쉰 목소리가 나오고 음성의 강약과 높낮이 조절이 어려워 삶의 질을 떨어뜨리게 되죠. 특히 목을 세심하게 사용해야 하는 가수들에게는 각별한 주의가 요구됩니다.

연축성 발성장애는 성대 근육을 조절하는 뇌신경계의 이상으로 인한 질병으로 보고되어 명확한 완치가 어렵다고 알려져 있습니다. 하지만 최근에 보고된 바로는 갑상피열근 절제술 및 선택적 반회후두신경 절제술로 기존의 보툴리눔 독소 주입술에 치료 효과를 보이지 않거나, 반복적인 시술이 어려운 경우 또는 직업적으로 음성의 사용이 필수적인 자 등 적절히 선별된 환자군을 대상으로 시도될 수 있는 효과적이고 안정적인 치료 대안으로 사료된다고 합니다. 이는 국내에서 보고된 본 술식에 대한 추적 관찰 중 가장 장기적인 것으로 의미를 가지고 있습니다.

3) 근긴장성 발성장애 MTD, Muscle Tension Dysphonia

10~20대 사이에서 가장 많이 발병하는 것이 근긴장성 발성장애입니다. 장애가 발생하는 연령대를 보아도 짐작할 수 있듯, 목소리의 과도한 남용이 가장 큰 이유입니다. 하지만 성대결절과는 다르게 정상적인 성대 구조를 가지고 있음에도 목소리를 무리하게 잘못사용해서 목 주위 근육이 과도하게 긴장되는 기능적 장애입니다.

증상으로는, 연축성 발성장애와 유사하게 말을 할 때 말끝에서 목소리 떨림이 발생하거나, 쥐어짜는 목소리나 쉰 목소리, 혹은 말을 할 때 숨이 찬 경우 등이 나타나게 되죠. 이 현상이 오래 지속되면 결국 성대결절이나 만성 후두염, 성대폴립 등의 질환이 유발될 수 있습니다. 그렇기 때문에 '긴장돼서 목소리가 흔들리거나 떨리는 거겠지.' 하고 방치하기보다는 검진을 통해 증상을 정확히 파악하는 것이 좋습니다. 결국 목소리의 과도한 남용, 잘못된 근육 사용의 습관화, 패턴화 등이 연축성 발성장애나 근긴장성 피로증후군과 같은 발성장애들을 발병하게 하는 주요 원인입니다.

한편, 이 발성장애가 잘못된 음성의 사용에서 기인하기도 하지만 연축성 발성장애와 마찬가지로 '심리적인 성격'에 의해 나타나기도 합니다. 즉 밝고 외향적인 사람에 비해 내향적인 사람의 경우가 근긴장성 발성장애를 겪을 확률이 높습니다. 그렇다고 하여 내향적인 성향이 모두 나쁘다는 것이 아니지만 밝은 성격에 비해 기분이 우울한 상태가 유지되면 '행복 호르몬'이라는 '세로토닌' 생성량이 일반인에 비해 부족하게 되어, 자연스럽지 않은 발성을 사용해서 문제가 될 확률이 높다는 것이죠. 이렇듯 내향적인 성향이나 부정적인 성격을 갖고 있는 사람이 외부 스트레스나 불안, 두려움 등에 장시간 노출되면 일반인들에 비해 더 큰 자극으로 받아들여지게 됩니다. 그럼 몸이 경직되면서 자연스러운 발성을 저해하게 되어 다양한 발성장애로까지 이어지게 되는 것이죠. 이것은 심리적인 마음의 상태가 육체적인 문제로 연결됨을 의미하므로, 지금부터 발성 교정 훈련과 함께 심리적인 마음의 안정도 함께 개선하는 방법을 소개하고자 합니다.

2

발성 개선 훈련

발성장애를 가진 환자들의 외적 모습을 보면, 대부분의 자세가 일반인들에 비해 앞으로 움츠러져 있는 모습을 많이 볼 수 있습니다. 직접 상담을 진행해 보면 근심이나 걱정을 넘어 불안이나 두려움, 강박 등의 성향이 보입니다. 발성 질환 이후 혹은 이전의 심리적인 원인에 의해 자세나 근육들이 지나치게 긴장되어 굳어 있는 경우가 많습니다. 특히 상체의 근육 긴장이 두드러져 있는데 얼굴, 뺨, 턱부터 목덜미, 어깨, 등까지 뭉쳐 있는 경우를 어렵지 않게 찾아볼 수 있습니다.

앞서도 저의 소견을 내놓았지만, 근긴장성 발성장애와 연축성 발성장애가 음성 남용과 잘못된 발성 습관에 의한 경우 외에 상당수는 심리적, 정서적인 원인에 의해 발병되는 것이라 보고 있습니다. 결국 '심인성 질환psychogenic disease, 心因性疾患'과 같이 심리적인 요인에 의해 나타나는 '심인성 발성장애'의 시각으로 원인을 생각해 보는 것이죠. 이러한 저의 시각이 80년대 연축성 발성 질환을 바라보는 구시대적 시각(스트레스에 의한 발병)일지라 하여도, 무엇보다 제가 직접 경험(발성장애 극복 및 개선 지도)하고 다수의 치료된 환자들의 개선된 부분을 보면 심신일원론적(心身一元論: 사람의 몸과 마음이 하나라고 보는 입장) 시각에서 설명하지 않을 수가 없습니다.

물론 후두염이나 성대구증과 같이 성대 자체의 외적인 이상이 생긴 질환의 경우에는, 약물이나 의료적 치료가 반드시 필요하지만 성대 자체에 문제가 없는 스트레스성, 심인성 발성장애의 경우, 먼저 심리적인 치료를 하고 다음으로 긴장된 외부 근육들을 충분히 풀어준 (꾸준한 스트레칭과 운동) 다음 마지막으로 발성기관들의 올바른 재활 훈련을 꾸준히 해 준다면 대부분 교정이 가능할 것이라고 경험을 통해 증명된 결과들을 믿고 있습니다. 이것은 마음의 문제가 신경계를 통해 몸과 연결돼 있음을 전제로 연구하는 '정신신경 면역학(PNI)'과도 같은 맥락에 있다고 볼 수 있습니다. 참고로 '본태성 진전증' 역시 심리적 요인으로 발병하는 발성장애들과 흡사한 부분들을 어렵지 않게 찾아볼 수 있습니다.

본태성 진전증이란, 몸이 고정된 상태에 있을 때, 신체 한 부위가 규칙적으로 떨리는 증상을 말합니다. 이 증상 역시 신경과적 질환으로 뇌의 기저핵 이상을 원인으로 꼽지만 아직까지 특별한 원인이 없는 것으로 알려져 있습니다. 실례로 이 증상을 겪고 있는 국내 유명 당구선수가 이 질환을 겪으면서 결국 은퇴를 하기까지 했었죠. 평소에는 아무렇지 않다가 큐대를 잡는 순간 얼굴이 떨리기 시작했기 때문입니다. 당구선수에게는 치명적인 질환으로 사형선고와도 같은 것이었죠. 그러나 이 선수는 끝내 이 질환을 극복하고 다시 우승까지 거머쥐었는데, 극복함에 있어 가장 중요한 것은 약물도 아닌 바로 '내려놓음'이었습니다. 인터뷰에서 이 선수는 이런 말을 했습니다.

"이 질환 이후에 다시 큐대를 잡을 때마다 이렇게 생각했습니다. 성적과 관계없이 당구를 즐기자. 목표는 우승이 아니다. 평생 큐대를 놓지 않는 게 꿈이다. 당구 하면서 웃는 것 하나로 충분하다. 이런 생각을 끊임없이 하다 보니 증상이 많이 나아졌어요. 지금은 어떤 대회에 출전하든 마음이 편해요. 결과가 중요하지 않으니깐." (본태성 진전증을 보인 후 첫 우승 소감)

"정상을 목표로 달려온 건 아니었어요. 그래서 더 값졌죠. 대회 내내 마음이 아주 평온했어요. 어떤 선수와 대결하든 내 플레이에만 집중했죠. 여기서 떨어지면 어때. 마음껏 즐기겠다는 생각이었습니다. 창문으로 푸른 바다를 보며 여유를 만끽하는 느낌이었어요.

우승을 확정한 후에도 무덤덤했습니다. 평소처럼 욕심내지 않고 당구를 즐겼습니다. 우승에 욕심을 냈다면 결과는 달랐을 거예요. 본태성 진전증이 다시 심해졌을지도 모릅니다. 제가 당구선수로 살면서 후회하는 게 딱 하나 있어요. 20대 저는 당구로 가득해요. 당구장에서 살았습니다. 지치고 힘들 땐 채찍을 들었어요. 내게 말했죠. '지금 쉬면 경쟁자보다 뒤처질 수 있다.'라고. 10년간 친구도 만나지 않았어요. 여행은 꿈도 꿀 수 없었습니다. 이 삶이 평생 완치될 수 없는 병을 불러왔어요. 인생에서 가장 힘든 시기를 경험하게 했죠. 땀 흘리고 나아가는 것만큼 휴식도 중요합니다."

이 선수의 인터뷰에서 알 수 있듯이, 자신에게 모질고 잔인했던 그간의 시간들이 오히려 독이 되어 돌아오게 된 셈이죠. 그렇다고 연습을 게을리하거나 하지 말라는 것이 아닙니다. 최선을 다해 열심히 연습을 하더라도 자신을 궁지에 몰아붙여 가며 부정적인 스트레스를 감내하는 것이 아니라 긍정적인 정서를 통해 애쓰지 않고 매 순간을 즐기는 자세가 오히려 더 온전함과 평정심을 가져다주어 본인 종목에서 보다 효율적인 훈련 성과를 낼 수 있다는 것이죠.

연축성 발성장애를 겪고 있는 분들도 대부분 편안한 상황에서는 증상이 없다가 조금 긴장된 특수한 상황(발표, 강의, 낯선 공간과 낯선 사람과의 대화, 녹음 등)이 되면 목소리의 떨림과 끊김이 나타납니다. 이것을 보면 심리적인 요인에 의해 발병되는 질환은 그 시작이 마음에서부터 온 것이기에, 개선과 본질적인 치유를 위해서는 마음과

정서부터 다스리는 것이 매우 중요하다는 것을 말씀드리고 싶습니다. 그럼 지금부터 자신의 마음을 돌보는 시간을 갖고 더불어 몸과 발성 개선 훈련까지 다양한 측면으로 개선되도록 해 보겠습니다.

3

발성 개선 훈련
- 마음 개선

지금부터 심리적, 신체적(외, 내부적) 안정과 개선을 위한 시간을 갖도록 하겠습니다. 첫 번째로 편안하게 마음을 진정시키는 시간을 가져 볼 것이며, 두 번째로는 외부의 긴장된 근육들을 천천히 이완해 보겠습니다. 마지막으로는 직접적으로 성대의 원활한 스트레칭과 운동성을 개선시켜주는 발성 교정을 진행해 보겠습니다.

첫 번째로 마음을 편안하게 다스려 진정시켜보는 '마음 개선'의 시간을 갖도록 하겠습니다. 우선 주위에 방해가 없는 조용한 곳을 찾습니다. 조명은 다소 어두운 듯 차분한 정도로 해주면 더 좋습니다. 그리고 바닥에 앉아 있을 경우 양반다리나 반가부좌 상태에서 허리를 바로 하고 가슴을 펴주도록 하세요. 만일 바닥에 앉아서 하기 어려운 경우 의자에 앉아서 해도 좋지만 등받이에 몸을 기대지 않고 앉습니다. 눈은 감아도 좋고 떠도 좋지만 눈을 뜨고 진행할 경우 시선은 편안한 곳에 내려놓아주세요.

이 상태가 준비되었다면 크게 심호흡을 하고 후~ 하고 호흡을 천천히 내뱉어 줍니다. 호흡을 천천히 내뱉으면서 몸의 긴장도 함께 이완해준다고 생각하세요. 이완되었다면 몸을 좌우, 앞뒤로 조금씩 움직여 가장 편안한 위치를 잡도록 합니다. 이완된 몸과 안정된 자세가 준비되었다면 머리끝 정수리에서부터 이마, 얼굴, 목, 어깨, 팔, 가슴, 윗배, 아랫배, 허벅지, 무릎, 종아리, 발, 발가락까지 마음의 눈으로 천천히 주의를 옮겨 가며 긴장된 곳은 없는지 다시 한 번 확인하며 부드럽게 이완시켜 봅니다.

자! 이번에는 호흡을 들이쉬고 내쉴 때 자신의 몸에서 가장 쉽게 들숨과 날숨이 느껴지는 곳을 찾아봅니다. 그곳이 콧구멍일 수도 있고, 가슴이 될 수도 있으며, 복부가 될 수도 있습니다. 이 중 한 곳을 선택하고 호흡이 한 번 들어갔다 나오면 마음속으로 '하나!' 다시 호흡이 들어왔다 나가면 '두울~' 이런 식으로 호흡에 숫자를 붙여가며 '열'까지 세어봅니다. 이때 들이쉬는 호흡의 속도나 강도를 굳이 조절하지 않아도 좋습니다. 다만 편안한 호흡이 어디로 들어갔다 어디로 나가는지 호기심을 가지고 관찰하기만 하면 됩니다.

즉 들숨과 날숨에 대해 어떠한 판단도 내리지 않고 있는 그대로 받아들이는 것이죠. 만일 중간에 다른 생각이 떠오르면 이를 알아차리고 부드럽게 그 생각을 흘려보내 주세요. 그리고 다시 호흡에 주의를 돌려 숫자를 세어봅니다. 그렇게 호흡에 주의력을 두고 열까지 세었다면 다시 거꾸로 10, 9, 8, 7, 6, 5, 4, 3, 2, 1로 숫자를 세며 돌아오면 끝이 납니다. 이렇게 아침 기상 후 그리고 취침 전에 각각 2분가량(시간은 더 길어도 좋습니다.) 이런 시간을 꾸준히 갖게 된다면, 점차 맑고 명료한 기분과 평온한 마음을 느낄 수 있게 됩니다.

저는 오래전부터 공황장애를 앓고 있었습니다. 공황발작으로 시작해 수년간 이 신경성 질환을 앓고 있었죠. 물론 지금은 거의 개선이 되었고 가끔 내 몸에 무리가 올 것 같으면 나에게 알림을 주는 각별한 친구 사이가 되었습니다. 어쨌건 이 질환을 겪어본 사람들은 알겠지만 본인의 의지로는 결코 어찌할 수 없을 정도로 힘든 질환이고 당시의 저 역시 정신과 약을 복용하면서 이 고통스러운 순간에서 벗어나기 위해 매일 매 순간 발버둥 치며 살아왔습니다. 정말이지 죽을 것만 같은 그 순간들은 밀어내려 할수록 제 안에서 더 증식되는 것만 같았고, 그럼에도 결코 죽지 않는다는 것을 알기에 어떻게든 희망을 놓지 않고 버티며 살아왔습니다. 그러다 운명처럼 명상을 접하게 되었죠. 참고로 저는 특정 종교나 신비한 무언가를 믿고 지지하려는 것이 아닙니다. 오직 저 자신의 고통을 치유하고 싶었고 그렇게 명상을 만나게 되면서 실제 체험하고 변화된 이야기를 꺼내 보려 합니다.

당시엔 반신반의하며 시작한 명상이었고 정말 지푸라기라도 잡는 심정으로 열심히 명상에 전념했습니다. 그리고 이전에는 전혀 경험해 보지 못한 느낌들을 받게 되었는데, 마치 겨우내 얼어 있던 제 안의 모든 것이 봄날 따스한 햇볕을 받아 사르르 녹아내리는 듯했습니다. 포근함과 따스함이 제 마음속으로부터 온몸으로 퍼져나가 깊은 호흡과 함께 충만한 행복감을 느낄 수 있었죠. 그렇게 마음이 평온하고 명료해지니 문득 창문 밖 바람에 흔들리는 나뭇잎들이 보였습니다. 문득 내가 언제 저렇게 바람결에 흔들리는 선명하고 아름다운 나뭇잎을 본 적이 있던가 하는 생각이 들었고 그동안 제 안에 있던 불안과 두려움으로 얼마나 많은 날들의 행복을 놓치고 살아왔는가 하는 생각에 이내 눈시울이 붉어졌습니다.

구름이 해를 가린다고 해가 사라지는 게 아니라고 하죠. 사실 명상을 통해 없었던 기쁨을 얻었다기보단 본래 제 안에 내 것이었던 기쁨을 찾아냈다는 것이 더 정확한 표현인 것 같습니다. 그렇게 약이 아닌 본래의 제 마음으로부터 저의 몸은 점차 치유되고 있었죠. 아니 치유를 넘어 저 자신의 모든 부분이 진정 향상됨을 느낄 수 있었습니다. 물론 저와 같이 공황장애를 겪고 있는 모든 분들에게 약을 당장 끊고 명상을 하라는 것이 아닙니다. 병원에서 처방된 약과 인지행동치료, 꾸준한 운동과 더불어 명상도 함께 해준다면 분명 더 긍정적인 효과를 체험할 수 있을 겁니다.

명상에 대한 예찬론을 펼치는 것처럼 보일 수도 있겠지만, 사실 명상은 이미 과학적으로도 입증된 분야이며 의료적인 치료로도 널리 활용되고 있습니다. 처음에는 불교에서 시작했지만 요즘은 가톨릭, 성공회, 개신교 등에서도 묵상이나 명상이란 이름으로 마음 수행에 널리 이용되고 있습니다. 우리가 잘 알고 있는 애플의 창업자 스티브 잡스, 빌 게이츠, 오프라 윈프리, 마이클 조던, 유발 하라리, 리오넬 메시도 명상을 하고 있고 타인들에게도 기꺼이 추천하며, 한국에서는 박찬호 선수 역시 명상을 통해 슬럼프를 극복했다고 하죠. 이렇듯 명상을 통해 다양한 방법으로 내면의 자아를 확립하고 치유하는 방법들이 증명되고 널리 알려져 있습니다. 하지만 명상을 배우고자 한다면 어떤 방식의 명상법이건 반드시 올바른 지도자를 찾아 올바른 명상법을 배우길 당부드립니다.

결론으로 이런 바디스캔과 호흡 관찰을 통해 무언가를 개선하겠다는 목표보다는, 지금 있는 그대로의 자신을 더 잘 알고자 하는 것에 그 의미가 크다고 할 수 있습니다. 결국 발성도 그렇지만 우리의 마음 또한 이완과 집중을 통해 본래의 온전함을 되찾아야 하는 게 아닐까 생각합니다.

4

발성 개선 훈련
– 몸 개선

오랫동안 긴장된 상체와 목 주위 근육들을 풀어주겠습니다. 우선 다음 그림과 같이 발성 훈련 전 2장의 '몸 올바로 준비하기'에서의 후두 주변 마사지를 동일하게 실행해 주세요. 더불어 자세 및 몸의 이완 내용 모두를 다시 한번 참고한다면 더욱 좋습니다.

어느 정도 풀어주었다면 몸을 바로 하고 편안한 의자에 앉아 고개를 위, 아래, 오른쪽, 왼쪽으로 기울였다 펴 주기를 반복하면서 목 주위 근육들을 스트레칭해 주세요. 그다음으로 팔과 어깨를 자유롭게 천천히 앞뒤 방향으로 돌려줍니다. 이 일련의 모든 과정들의 목적은 긴장된 상체 근육들을 풀어주기 위함에 있습니다. 그러

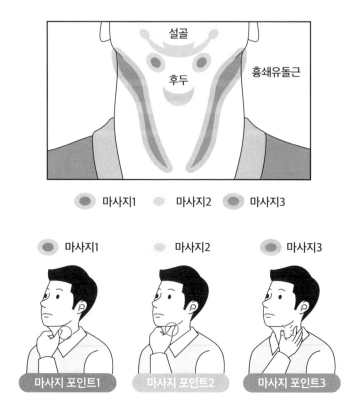

니 스트레칭 시간과 순서는 자유롭게 정하여 진행하여도 좋습니다. 건강한 몸에 건강한 정신이 깃들고 건강한 정신과 마음은 곧 건강한 소리로 직결되죠. 그러니 일주일 중 3~5일 정도는 종목에 관계없이 30분간 땀을 내는 운동을 해주는 것을 꼭 추천하고 싶습니다. 다음으로 살아 있는 악기인 우리의 몸과 목에 좋지 않은 발성 습관 그리고 음식과 생활 패턴에 대해 알아보겠습니다.

목에 좋지 않은 생활 및 발성 습관의 개선 방법

* 지나치게 크거나 작거나 높거나 낮게 말하지 않기

장시간 고함을 치거나 목소리의 변성(기괴한 음성, 익살스러운 목소리, 성대모사)은 성대에 무리를 주어 다양한 발성 질환을 가져옵니다. 음성의 강도와 변성뿐만 아니라 장시간 음성의 남용(긴 대화, 전화 통화)에도 성대에 무리가 오게 됩니다.

* 주위 환경이 소란스러운 곳에서 장시간 대화 피하기

주변이 시끄러울수록 목소리를 크게 내게 되어 목에 부담을 줍니다.

* 흡연과 지나친 음주, 유제품은 피하기

흡연과 음주는 목을 건조하고 피로하게 만들며, 커피와 유제품은 분비물의 점도를 높여 성대에 안 좋은 영향을 줍니다.

* 음식을 먹고 바로 눕지 않기

음식을 먹고 바로 눕거나 잠들게 되면 위산이 역류할 수 있기 때문에, 취침 3시간 전에는 음식을 섭취하지 않는 것이 좋습니다.

* 충분한 수면과 수분 섭취하기

수면은 우리 몸의 재충전을 돕고 활력을 가져다주며, 수분은 성대에 무리가 가는 것을 예방해준다. 하루 8잔의 물을 섭취하는 것이 좋습니다.

＊ 헛기침, 소리를 내어 가래를 모으는 행위 하지 않기

반복적으로 헛기침을 하거나 소리를 내어 가래를 모으는 것은 성대에 무리를 주게 됩니다. 헛기침을 하고 싶을 때는 하품을 하거나 물을 마셔 보세요.

＊ 겨울철 야외 활동, 감기약 복용 시 주의사항

겨울철 야외 활동 시에는 목이 건조해지므로 마스크를 착용하거나 따뜻한 물을 자주 섭취하세요. 목감기에 걸렸을 때는 가급적 목의 사용을 줄이고 종합감기약을 먹었을 경우 약의 성분이 후두의 점액 분비 기능을 억제해 성대가 건조해지므로 물을 자주 마셔야 합니다.

＊ 매일 미세먼지 수치 확인하기

매일 미세먼지 수치를 알아보고 미세먼지 농도가 높은 날은 야외 활동을 자제하거나 해야 한다면 전용 마스크를 착용하세요. 미세먼지가 우리 신체에 미치는 영향은 생각보다 큽니다. 단기간에 증상이 나타나지는 않지만 눈에는 각막염과 결막염, 코에는 알레르기성 비염과 천식을 유발하게 됩니다. 미세먼지로 목의 통증이 심한 날은 물을 자주 마시고 양치질을 자주 하는 것이 좋으며, 만일 지속적으로 목의 통증이 느껴진다면 만성질환으로 진행되기 전에 이비인후과 치료를 받는 것이 좋습니다.

적당한 스트레스는 삶에 활력을 주기도 하지만 지나친 스트레스에 장시간 노출되면 무기력, 우울감 등 생체 리듬과 삶의 활력이 급격히 저하됩니다. 우리 몸은 살아 있는 악기이기 때문에 심리적인 요소가 목소리에 지대한 영향을 줍니다. 따라서 일과 운동, 놀이(휴식), 연대(사람들과의 관계)의 균형을 잘 맞춰보세요.

목에 좋은 자연 음식

* 프로폴리스

프로폴리스는 소독 작용을 하며 비타민, 무기질, 필수지방이 풍부하여 면역력을 강화하고 인후 감염 해소에 좋은 천연 항생제로 알려져 있습니다. 급성 및 만성 호흡기 염증 질환에 매우 효과적입니다. 꿀차도 기침 완화에 좋고, 아동이 야간에 자주 하는 기침에도 큰 효과가 있습니다.

* 마늘

프로폴리스와 유사하게 마늘은 강력한 천연 항생제입니다. 마늘을 먹으면 목이 깨끗해지고 자극 및 통증 완화에도 좋습니다.

* 도라지

사포닌이 풍부한 도라지는 면역력을 키워주고 호흡기 계통에 큰 도움을 줍니다. 목 관련 질환으로 힘들어하는 분들이 많이 섭취하면, 미세먼지 제거에도 좋습니다. 옛날부터 기침이 심하거나 목이 따가울 때 민간요법으로 먹었던 음식이기도 합니다.

*생강

생강은 목을 자주 쓰는 성우, 교사, 가수와 같은 직업군이 걸릴 수 있는 모든 질환의 예방 및 치료제로 쓸 수 있습니다. 생강은 차나 음료로도 먹을 수 있는데, 생강의 강한 향을 참을 수 있다면 생강 뿌리 한 조각을 씹어서 직접 즙을 먹어도 좋습니다.

*무

무는 사람의 체력을 보강해 주며 목에 나타나는 가래와 기침의 완화에 도움이 되는 채소입니다. 수분 함량이 많아 편도의 건조함을 막아주고 목에 생기는 이물감이나 간지러운 증상을 개선하는 효과도 가지고 있습니다.

*계피

건강에 다양한 혜택을 주는 계피는 발열, 혈액순환, 항바이러스, 소염, 항박테리아 작용을 합니다. 수많은 효능 덕분에 계피는 인후 질환을 관리하고 치료하는 전방위적인 치료제로 사용됩니다.

*사과 식초

사과 식초를 따뜻한 물로 희석해서 입안을 헹구면, 인후염을 해

소하고 성대에 쌓인 점막을 제거하는 데 도움이 됩니다. 독소를 제거하고 목소리를 관리하기 위해 매일 아침 공복에 사과 식초 물을 마셔보세요.

5

발성 개선 훈련
– 발성 개선

발성 교정을 위한 개선 훈련에 앞서 꼭 확인해야 할 것이 있습니다. 성대결절이나 그 외 후두 관련 질환이 있는 경우 혹은 이전에 그와 같은 병력이 있다면 인근 이비인후과를 방문하세요. 방문하여 음성치료와 같은 발성 훈련을 진행하여도 괜찮은 목 상태인지 간단한 검사를 받고 앞으로의 훈련을 시작해주기 바랍니다. 의료적 치료가 필요한 경우에는 그에 해당하는 치료를 받고 충분한 휴식 후에 교정 훈련을 진행하는 것이 보다 빠르고 효과적인 재활의 결과를 기대할 수 있기 때문입니다.

사실 이 책의 모든 내용이 발성 교정과 음성치료에 도움이 되도록 저술되어 있지만, 이번 에피소드에서는 특히 음성치료에 더욱 포커스를 맞춰 주요한 내용들만을 추려 정리해 보았습니다. 참고로 다음에 안내하는 두 가지 훈련 중 〈1〉 과정은 앞서 훈련하였던 말과 노래하기에서 이미 제시된 방법들 중 음성치료에 필요한 주요 내용만을 정리한 것이니 상세한 내용을 다시 보고 싶다면 해당 부분을 참고해 주세요. 〈2〉는 〈1〉의 연습조차 할 수 없을 정도로 목 상태가 좋지 않을 경우를 위해 '빨대'라는 도구를 활용하여 보다 쉽게 훈련할 수 있도록 제시된 방식입니다. 〈1〉, 〈2〉 모두 다 연습해 보면서 자신에게 맞는 방법을 찾으시길 바랍니다.

〈1〉 발성 교정 및 음성치료를 위한 재활 훈련

① 호흡법 (들숨, 날숨법)
② 두성밸런스 라운딩
③ 두성밸런스 라운딩 입술떨기
④ 목소리 더해주며 입술떨기에 라운딩
⑤ 위아래 치아를 닫고 하는 발음 훈련 (인사말+자기소개)
⑥ 편안한 마음으로 인사말과 자기소개로 목소리 내보기 (소리 변화 느껴보기)

* ⑥까지 연습 후 잠시 휴식을 취한 후에 ③, ④를 중점적으로 다시 반복 훈련하기

** ③, ④는 성구 전환과 파사지오 보충 훈련 - 입술떨기 편 참고

　⑤ 노래하듯 말하기 최종 훈련 - 인사말에 적용하기 편 참고

〈2〉 빨대를 활용한 발성 교정 및 음성치료를 위한 재활 훈련

① 호흡법 (들숨, 날숨법)

② 두성밸런스 라운딩 (입술을 '오'와 같이 모
　아서 진행)

③ 빨대를 물고 호흡을 불어주면서 편안한
　목소리로 두성밸런스 라운딩

④ 빨대를 물고 호흡을 세게 불어주기, 이어서 목소리를 내면서
　라운딩

⑤ 편안한 마음으로 인사말과 자기소개로 목소리 내보기 (소리
　변화 느껴보기)

QR 코드 영상 시범 ⑲

* 잠시 휴식 후에 ③, ④를 중점적으로 다시 반복 훈련하기

　앞의 연습이 어려울 때에는 허밍 프로그램 3단계를 미리 연습해
두면 쉽게 연습을 진행할 수 있습니다. ③은 허밍 프로그램 1단계
와 동일하며 ④는 허밍 프로그램 3단계와 동일합니다. 참고로 목
상태가 좋지 않아 성대 접촉이 원활하지 못한 경우 코로 공기가 새
어 나가는 증상이 생길 수 있습니다. 이를 확인하기 위해 연습 도중
언제라도 코를 막아서 체크해 보기 바랍니다. 혹 빨대가 없을 경우

에는 날숨 훈련에서 익혔던 후~ 불어 복부에 유기적 긴장이 따라
오게 한 후에, 이와 같이 소리의 끊김 없이 회전하듯 하여도 동일한
효과를 얻을 수 있게 됩니다.

이 훈련의 목적은 재활에 있습니다. 교정이 시작되면 급한 마음
에 하루빨리 좋아지길 바라게 되죠. 그러나 그것은 변화를 바라는
것이 아니라 기적을 바라는 것입니다. 그동안 소홀했던 자신의 몸
과 목에게 따뜻한 애정을 가지고 하루의 일정 시간을 할애하여, 꾸
준히 올바른 방법으로 훈련해 주는 것이 올바른 재활 과정이겠죠.
훈련하는 시간은 잠자리에서 기상 후 4~6시간 이후가 좋으며, 연
습량은 하루 일과 중 짧게는 10분에서 길게는 30분가량 '짬짬이'
시간을 내서 '자주' 해주는 것이 좋습니다.

훈련 순서에는 올려놓지 않았지만 규칙적인 생활 패턴(식습관)
과 꾸준한 운동은 필수입니다. 그리고 어느 정도 기능적인 재활이
이루어진 후에는, 사람들과의 대화에 있어서 주의할 점이 있습니
다. 억지로 배운 것들을 의식하며 말하기보다는 말하기 훈련에서도
언급하였듯 몸의 이완을 위해 평소보다 조금 더 따뜻하고 친절한
마음으로 말해 보세요. 이런 생각들도 도움이 됩니다. '소리가 떨리
고 끊겨도 괜찮다.', '남들을 의식하는 목소리를 억지로 낼 필요는
없다.', '목소리가 이상하게 들려도 좋으니 내 마음을 담아 말해 보
자.'. 그렇게 현재의 내 상태를 온전히 받아들이게 되면, 점차 몸과
마음은 편안해지고 발성기관들도 유연하고 조화로워지게 됩니다.

그때 연습한 발성 훈련의 효과가 자연스럽게 발현될 겁니다.

"생명生命을 가진 존재는 이완되어 부드러워야 건강하다."

6

두성밸런스와 허밍 프로그램을
통한 성대결절 교정 사례

〈사례 1〉

저는 가톨릭 사제입니다.

4년 전 겨울 심한 감기 후유증으로 목소리 변형이 시작되었습니다. 처음에는 그렇게 심각하게 생각하지 않고 계속 목을 사용했습니다. 그런데 시간이 지날수록 더 호전되는 것이 아니라 목소리를 제대로 낼 수 없는 심각한 상황에 부딪치게 되었습니다. 그래서 서울에 있는 종합병원 이비인후과에 내원하여 검사를 받았습니다. 병명은 성대 부종(성대위측증)으로 과도한 목의 사용을 자제하고, 처방받은 약을 꾸준히 복용하면 호전된다는 말을 담당 의사로부터 듣게 되었습니다. 그 후로 한 달에 한 번 이비인후과에 내원하여 계속 목 상태를 체크했지만, 별다른 효과를 보지는 못했습니다. 그래서 강남에 있는 개인병원을 찾아가 목에 보톡스를 맞아보기도 하고, 한의원에 찾아가 침을 맞고 한약을 수개월 복용하였지만 여전히 큰 변화는 찾아오지 않았습니다.

오래도록 목소리를 제대로 내지 못하는 상황에 부딪치게 되자 자신감도 떨어지고 많은 사람들 앞에 서면 온몸이 경직되고, 사람들을 만나는 것도 자꾸 회피하게 되었습니다. 정말 모든 걸 내려놓고 어디론가 숨고 싶다는 생각이 들었습니다. 그러던 중 인터넷을 통해 이윤석 원장님의 발성 치료법을 보게 되었고, 이제 마지막이라는 생각으로 바디사운드에 연락하게 되었습니다.

그런 인연으로 이윤석 원장님을 만나게 되었고, 이 만남이 4년 동안의 기나긴 어둠의 터널에서 탈출하는 계기가 되었습니다. 이제 발성 치료를 시작한 지 한 달이 조금 넘었지만, 이렇게 빨리 효과를 볼 수 있을지 상상하지 못했습니다. 주위 사람들도 깜짝 놀랄 정도로 목소리가 아주 좋아졌습니다. 이윤석 원장님의 발성 치료법은 정말 최고입니다. 아주 쉽고, 편안하게 그리고 긍정적으로 수업을 진행해 주시는 원장님께 진심으로 감사를 드리고 싶습니다.

〈사례 2〉

저는 실용음악과에서 보컬을 전공했습니다. 나이는 30대 초반이며 현재는 인디 활동을 하고 있습니다. 또 고등학교와 대학교 등에서 학생들을 가르치고 있기도 합니다. 꽤 오랜 시간 음악을 했으며, 많은 선생님들께 배웠습니다. 자연스레 많은 발성 이론과 발성 훈련도 경험했습니다. 그러나 아이러니하게도 궁금증은 더 커졌습니다. '더 좋은 방법이 있을 것 같은데… 김나박이(유명 가수 김범수, 나얼, 박효신, 이수를 일컫는 표현)는 이렇게 안 하는데….' 더 편안하게 고음을 내고 싶었고, 하루 종일 노래를 해도 좋은 컨디션을 유지하고 싶었습니다.

그러던 어느 날 우연히 유튜브에서 바디사운드를 보게 됐습니다. 영상을 하나둘 보는데, 어라? 원장님께서 계속 똑같은 말씀을 하십니다. 5년 전 영상에서 다뤘던 내용을 지금도 그대로 다루고 계셨습니다. 그래서 믿음이 갔습니다. 유튜브에 넘쳐나는 강의들이 있지만 정말 하나같이 어쩜 그렇게 신기술을 자꾸 만들어내는지, "이것만 하면 돼!!"라고 했다가 몇 달 지나면 또 새로운 방법을 제시하며 "이게 진짜야!!"라고 합니다. 그 수많은 콘텐츠들 사이에서 이윤석 원장님만 유일하게 똑같은 내용을 강의하셨습니다. 믿음이 생겼고 일주일 동안 거의 모든 영상을 다 본 후 학원으로 전화해서 스케줄을 잡았습니다.

그로부터 두 달. 저는 말도 안 되게 좋아졌습니다. 25살에 성대 결절 수술을 한 이후에 이렇게 노래를 쉽게 부른 적이 없었고, 이렇게 높은 음을 내 본 적도 없었습니다. 아니, 결절이 있기 전에도 이렇게 편하게 내지는 못했습니다.

두성밸런스는 굉장히 체계적입니다. 체계적인 것의 장점은 순서대로 차근차근 하면 누구나 다 되는 것이라 할 수 있으며, 단점은 순서를 어기면 안 된다고 할 수 있겠습니다. 인터넷 강의는 일방적으로 주입하는 것이기 때문에 분명히 한계가 있다고 봅니다. 소리를 잘 못 내고 있으면서 잘하고 있다고 착각할 수 있습니다. 혹시 레슨을 망설이시는 분이 계시다면 꼭! 학원으로 가서 직접 배우세요. 그리고 하라는 것만 하세요! 사람마다 분명 차이가 있겠지만, 오랜 시간이 필요하지 않습니다. 저는 딱 두 달 배웠습니다. (하루에 적게는 1시간, 많게는 10시간 가까이 허밍 프로그램만 했습니다.)

두 달 바짝 배운 것이기 때문에 바디사운드 발성에 대해서 잘 안다고 말할 수 없지만, 제 견해로는 이렇습니다. 바디사운드 발성법은 '더하는 것이 아니라 빼는' 훈련이었습니다. 여기저기 잡다하게 쌓여 있는 잘못된 지식과 습관들을 빼는 훈련이었습니다. 빼고 나니 내 소리를 낼 수 있게 되었습니다. 정말이지 다시 태어난 느낌입니다. 두 달 만에 이루어낸 성과가 이 정도니, 앞으로의 제 음악 활동들이 정말 기대됩니다!

감사합니다, 원장님^.^♥

〈사례 3〉

유튜브 음성치료 강의 '성대결절과 발성 질환 후 개선을 위한 트레이닝'를 통해 꾸준히 연습한 후 정말 감사해서 그냥 넘어갈 수 없어 댓글 남깁니다. 덕분에 2개월여 만에 성대폴립이 나았어요. 1개월은 폴립인 줄도 모르고 낫기만을 기다렸고 1개월은 병원을 다니며 약 복용하고 선생님 동영상 여러 번 재생하며 따라 하고 나름대로의 방법도 터득해 립트릴로 폴립이 1개월 노력 끝에 사라졌습니다. 어제 병원에 갔더니 약은 치료에 큰 도움이 없었고 저의 노력으로 치료된 거라 말씀하시더라고요. 처음에 폴립 제거 수술을 해야 할 거라고 하셨거든요. 그런데 이제 병원에 오지 말랍니다~~~!!! 하루에 4~6시간씩 강의하면서도 나았습니다!

이렇게 유익한 동영상 만들어주셔서 무한 감사드립니다~~~♡♡♡

— 학동 ○○○님

〈사례 4〉

유튜브 음성치료 강의 '성대결절과 발성 질환 후 개선을 위한 트레이닝'을 통해 꾸준히 연습한 후 제가 숨을 쉴 때 필요 이상으로 한숨 쉬듯이 하는 습관이 있습니다. 때때로 긴장하면 나도 모르게 목에 힘을 주고 긴장된 상태로 속삭이듯이 숨을 쉽니다. 이런 버릇 때문에 노래를 부를 때도 정말 편한 내 소리를 내 본 지가 너무 오래되었습니다. 고음을 올릴 때도 늘 목의 어딘가에서 잡고 있는 느낌이고요. 아주 가끔 숨을 쉬는 게 편했을 때는 노래도 잘됐습니다.

그런데 이 동영상을 보고 잠깐 따라 하니 정말 거짓말처럼 숨 쉬는 게 편해졌습니다. 어떻게 이럴 수 있는지 너무 놀랍습니다. 원장님, 정말 감사드립니다.

— 박○현 님

발성에 관해 가장 많이 받는 질문
BEST 10

1) 고음에서 목소리를 세게 지르면 안 되는 건가요?

"고음에서 지르지 말아라!"라는 얘기를 종종 들어보았을 겁니다. 이 말의 의미를 '음정의 높이만큼 세게 소리 내면 안 되는 건가?'라고 오해하는 경우가 많습니다. 하지만 결코 그렇지 않습니다. 고음일수록 성대를 더 붙이기 위해서는 음정의 높이만큼 더 소리 내야 하는 것은 당연한 이치이며, 때로는 고음을 이어 노래해야 하는 저음 및 첫 음정(디딤 음정)의 경우 본디 음정의 에너지보다 더 소리를 내어, 즉 성대 접촉률을 더 높여 고음을 준비하기도 합니다. 다만 여기서 '지르지 말아라'라고 말하는 본뜻은 '지르듯이 시끄럽게 들리게 소리 내지 말아라'라는 의미입니다.

　이를 완화하는 방법은 음정의 높이만큼 자신 있게 노래하되 성대 접촉이 원활하게 이루어질 수 있도록 혀와 목을 항상 편안하게 유지하려고 노력하는 것입니다. 하지만 생각처럼 결코 쉽지 않은 이유는 혀와 목의 안정과 이완은 정적이지만, 소리를 내는 것은 동적인 에너지이기 때문이며, 이를 올바로 실행한다 하여도 성대 접촉에 따른 복부의 유기적인 압력이 처음부터 잘 따라주지 않기 때문에 저음부터 차츰차츰 균형 잡힌 발성 훈련이 필요합니다.

2) 고음을 쉽고 빠르게 내는 방법은 정말 없나요?

　운동을 아무리 좋아해도 100kg의 고중량 역기를 쉽고 빠르게 들고 싶어 하는 사람은 많지 않을 겁니다. 하지만 소리에 대해서는 조금 다른 생각을 가지고 있는 것 같습니다. 내가 언제든 소리 낼 수 있고 가끔은 꽤 잘 나오기도 하니 말이죠. 더불어 남들은 쉽게 고음을 내는 듯 보이고 무엇보다 고음을 잘 내면 너무 멋있고 부러운 마음이 들곤 하죠. 그러다 보니 상식에 맞지 않음을 알면서도 높은 소리를 쉽고 빠르게 얻기 위해 다소 서두르는 경향을 보이는 것 같습니다. 그러나 '쉽고 빠르게'를 원하는 사람들의 말에는 '올바로, 건강하게'도 무의식적으로 포함되어 있을 겁니다. 어느 누가 자기 목이 망가질 것을 알면서 쉽고 빠르게를 선택하겠습니까. 그렇기 때문에 의문은 오랜 시간 계속되지만 그 답은 그만큼 오랜 시간 해결되지 않습니다.

오랫동안 지도를 하다 보니 고음에 관한 강의를 할 때 제가 '호리천리毫釐千里'라는 말을 자주 하고 있더군요. '처음에는 아주 작은 차이 같지만 나중에는 아주 큰 차이가 됨'을 이르는 말로 기초 단계의 저음에서의 안정된 목의 밸런스가 고음에서 얼마만큼 유지되느냐에 따라 나중에는 전혀 다른 결과를 가져오는 것을 표현하려 했습니다.

그렇습니다. 제 소견으로 높은 소리인 고음을 낼 수 있는 답은 저음 혹은 저음 상태의 밸런스(안정)에 있습니다. 맥이 빠지는 답변이라 실망하실 수도 있겠지만, 명백한 사실은 목의 편안한 상태를 바탕으로 복부의 압력이 느껴질 정도로 목소리를 내어 성대 접촉률을 저음부터 높여 나간다면 누구라도 건강한 고음을 점진적으로 개발할 수 있는 것이 사실입니다. 하지만 이를 알고 있다 하더라도 빠른 시간에 해낼 수 없고 혹 고음의 감각과 소리를 체험했다 하여도 실제 노래에 적용하려면 이전에 노래하는 습관부터 교정해야 하기에 쉽고 빠르게 해내는 방식이란 결국 없다고 할 수 있습니다. 무엇이건 쉽고 빠른 방법 중에 올바른 이치를 찾기 어렵고 소박하고 단순한 이치에는 그 진리가 고스란히 담겨 있음에도 우리는 특별하고 빠른 것들을 원하여 꾸준한 체득을 통해 얻는 것들을 꺼린다면 예전이나 지금 그리고 앞으로도 여전히 답을 찾지 못할 것입니다.

3) 타고난 미성은 고음을 쉽게 내는 것 같은데, 저같이 타고나지 않은 사

람은 고음을 못 내나요?

　누구나 특정한 능력들을 타고납니다. 만일 노래할 때 보다 쉽게 음정을 처리할 수 있는 성대를 가지고 있다면, 분명 긍정적으로 타고난 목을 가지고 있다고 말할 수 있겠죠. 하지만 저음의 성대를 타고난 사람이라면 또 그 음역과 울림 있는 소리에 맞는 노래를 부르면 됩니다. 하지만 고음에 관하여 고민하고 있다면 물론 훈련을 통해 극복이 가능합니다. 다만 덩크를 할 수 있는 180cm 키의 농구선수와 2m가 넘는 농구선수가 덩크를 반복한다면 분명 키가 작은 농구선수가 더 지칠 수밖에 없겠죠. 이처럼 타고난 저음의 성구도 훈련을 통해서 고음을 낼 수 있지만 타고난 고음의 미성보다 오래 고음을 지속하기에는 체력적으로 어려움이 따릅니다. 바이올린이라는 악기에 어울리는 멜로디 라인의 연주가 있고 콘트라베이스로 연주할 때 아름다운 멜로디가 있듯, 자신의 타고난 음성을 인정하고 받아들이면 더 행복하고 즐겁게 노래할 수 있다는 점을 항상 마음에 담아두시기 바랍니다.

　4) 프로 가수들은 일반인과 다르게 특별한 발성 훈련을 받나요? (가수들은 지도받고 난 후 목소리 변화가 이전과 달리 커 보여서요.)

　개인적으로 그렇지는 않습니다. 다만 같은 내용이라 하더라도 받아들이는 사람에 따라 (몸과 마음의 준비 상태) 그 내용의 세부적인 디테일의 정도가 다르다고 할 수 있습니다. 예를 들어 모음 순화를 통한 후두의 안정이라고 하면 '보다 더' 유지하기 위한 것들이 부연 설명되는 셈이죠. 이러한 부분이 어쩔 수 없이 생기는 것은 반드시 그들이 가수라서가 아닙니다. 일반인들 중에서도 노래를 직업으로 하는 가수분들만큼 오랜 시간 음악을 접하고 노래하고 고민한다면 동일한 지도가 이루어집니다. 즉 프로 가수라고 해서 일반인들과 다른 특별한 내용이 지도되는 것이라기보다는, 가수를 직업으로 하지 않는 일반인들보다 많은 시간 음악을 듣고 노래하고 고민을 하다 보면 동일한 훈련을 받아도 결과가 다른 아마추어들에 비해 조금 더 빠르고 명확하게 나타나는 것이라 생각합니다. 그래서 가수들의 변화가 일반인들에 비해 더 크게 나타나게 되고 같은 내용을 배워도 준비가 미처 되지 않은 일반인들은 다소 더딘 결과가 나올 수도 있는 것이죠.

5) 말할 때나 노래할 때 모두 제 목소리가 너무 듣기 싫어요. 올바로 발성 훈련을 하면 제 목소리를 멋지게 바꿀 수 있나요?

발성 훈련의 목적은 건강한 목소리를 내는 것에 있습니다. 즉 특정한 음색을 추구하거나 듣기 좋은 음색으로 교정하는 것과는 본질적으로 훈련의 방향이 다릅니다. 하지만 다행히 건강한 목소리는 울림이 있고 편안하며 듣기에도 좋습니다. 말할 때와 노래할 때 모두 말이죠. 그러니 소리를 내는 모든 행위에서 본래 가지고 있던 발성기관들의 온전하고 자연스러운 운동을 촉발하는 방향으로 발성 훈련이 진행된다면 분명 본인과 타인 모두에게 듣기 좋은 건강한 소리로 개선될 것입니다.

6) 어느 정도 발성 훈련을 해야 목소리에 변화가 느껴지나요?

말과 노래에 변화를 느끼는 대략의 기간은 사람에 따라 모두 다르겠지만, 올바른 연습 방법으로 일주일에 3일 이상 한 번에 1~3시간 정도 연습에 투자할 때 평균 3~5개월 정도의 시간이 소요됩니다. 물론 이 기간 동안 주변인들이 알아차릴 정도의 변화를 기대하진 마세요. 자신이 느낄 수 있는 작은 변화부터 분명히 느끼고 알아차리는 것이 더 중요합니다. 또한 이 설정된 기간은 누구에게나 똑같이 적용되는 정확한 시간도 아닐뿐더러 변화되는 수준도 사람마다 차이가 있습니다. 사람은 개개인마다 타고난 몸과 마음의 상태가 다르기 때문에 같은 양의 연습을 하여도 결과가 다르게 나오는 것은 어쩔 수 없습니다. 하지만 결국 임계점에 다다르는 시간의 문제일 뿐, 올바른 방법을 통해 꾸준히 연습한다면 누구라도 긍정적인 목소리의 변화를 체험할 수 있습니다.

7) '김나박이'라고 하는 가창력이 뛰어난 톱 가수들은 어떻게 소리 내는 건가요?

이들의 공통점이 뛰어난 가창력이라고 해서 어떤 하나의 방법론만으로 그러한 수준에 오른 것은 아닙니다. 하지만 우리가 한 가지 알아두어야 할 것이 있다면, 이들의 뛰어난 가창력의 밑바탕에는 안정된 목 상태를 바탕으로 건강한 성대 접촉을 통해 복부의 유기적인 압력을 활용하고 있다는 것이죠. 그것이 바로 울거나 웃듯이 자연스러운 자신만의 목소리로 노래하는 것입니다. 물론 두말할 것 없이 엄청난 연습량과 열정과 고민 등이 있을 수 있겠지만 베토벤의 오류처럼 무언가 특별한 것이 있으리라는 환상은 경계해야 합니다. 오히려 소박하고 단순히 꾸준한 반복 연습을 해 왔기에 이들의 뛰어난 가창력과 음악적인 표현이 높은 수준으로 성장할 수 있었겠지요. 모두가 김나박이와 같은 가수가 될 수는 없겠지만 꽃이 만개하듯 자신만의 목소리를 찾아 노래한다면 이것이 노래하는 사람으로서 최고의 만개가 아닐까요?

8) 발성을 교정해서 노래하면 왠지 감정 처리를 마음대로 못 하고 노래의 멋이 없어질 것 같은데 그렇진 않나요?

그런 질문을 많이 받는 것이 사실입니다. 하지만 이렇게 한번 생각을 해 보면 어떨까요? 우리가 느끼고 표현하는 감정 중에서 가장 극적인 두 가지의 감정은 바로 기쁘고 행복할 때와 괴롭고 슬플 때일 겁니다. 이러한 극적인 감정에서 나오는 소리란 웃거나 우는 소리이겠지요. 울거나 웃는 소리의 공통점이 극적인 감정에서 나오는 소리이면서 동시에 비언어적이기에 '목 놓아 운다' 혹은 '배꼽 빠지게 웃는다'와 같은 표현을 합니다. 이렇듯 진정한 감정의 표현은 언어적이지 않고 혀와 목이 온전히 안정되고 동물적일 정도로 순수한 상태일 때 가능해짐을 알 수 있습니다. 다시 말해 발성의 개선 방향은, 음정과 발음에 대하여 순화해서 목을 온전한 상태로 회복하므로 본래 음성과 그 고유한 음성을 통해 진실한 감정이 자연스럽게 발현되는 것입니다.

우리는 대부분 가수의 화려한 테크닉을 목의 조임과 긴장으로 그럴싸하게 흉내 내는 경우가 많습니다. 그래야 내가 듣고 받았던 감정을 표현하는 것이라 생각하죠. 하지만 그러한 따라 하기 식의 감정 표현은 점차 발성적(건강), 음악적 표현의 변질과 고갈을 가져오게 됩니다. 다시 귀 기울여 들어보세요. 우리가 좋아하고 따르는 유명 가수들의 깊고 진실한 감정이 과연 그들이 목을 조여가며 그럴싸하게 만드는 소리인지 아니면 목과 혀가 편안한 상태에서 울거나 웃듯 순화된 형태로 자연스럽게 내는 것인지요.

9) 발성 훈련에 '마음챙김'이 왜 필요한가요?

발성은 여러 기관의 협응을 통해 나오게 됩니다. 이때 발성기관 간에 조화와 균형이 이루어질 때 자신만의 온전한 목소리를 찾게 됩니다. 이 책의 서두에 설명한 촛불 끄기 훈련처럼 모든 것은 자연스럽게 이루어지고 또 자연스럽게 이루어져야 합니다. 발성을 하는 모든 과정에서 겪게 될 실패와 좌절, 혼란에 대하여 우리는 분명 힘들고 고통스러운 경험을 할 수도 있습니다. 거듭나기 위해서는 절대 피할 수 없는 과정이죠. 그러니 연습하는 순간마다 자기 비판과 두려움, 조급함 등에 휩싸여도 자신의 온전성을 믿어보세요. 그리고 생각과 감정에 대해 비판단적인 태도를 가져보세요. 내 마음이 어디를 향하고 있는지 매 순간 어떻게 바뀌고 있는지 알아차리는 것. 이러한 주의력과 알아차림이 온전한 발성을 위한 중요한 마음가짐입니다. 이러한 마음챙김을 잃지 않는다면 여러분 모두가 하나뿐인 목소리, 즉 온리 원의 목소리를 찾아가게 될 것입니다.

10) 성악, 판소리, 뮤지컬 발성 방법이 다른 것 같은데, 원장님이 지도하

건물의 이미지에 따라 외부 인테리어를 달리하는 것을 음악적 '장르'라고 본다면 그 건물을 지탱해주는 내부 골조를 '발성'이라고 보면 이해하기 편할 것 같습니다. 즉 제가 지도하는 소리의 방식은 장르마다 가지고 있는 특정 창법이 아닌 모든 장르에 기본이 되는 자연스러운 발성 개선에 목표를 두고 있습니다. 그러다 보니 다양한 장르의 가수분들이 오셔서 지도를 받고 난 후에 본인이 하고자 했던 혹은 미처 시도해 보지 못했던 다양한 소리적, 음악적 부분까지 발견하게 되는 경우도 있습니다. 이는 처음부터 장르라는 정해진 색깔(음색, 톤)에 자신을 맞추다 보니 미처 알지 못했던 자신만의 온전한 소리와 잠재력을 발견하게 되는 것이죠.

에필로그

　이 발성 강의가 누구에게나 반드시 옳은 것도 아니며, 특효약처럼 빠른 효과를 주지 않을 수도 있습니다. 다만 우리 모두 다른 개성과 신체를 가진 사람이지만 또 같은 사람이기 때문에 쉽게 알아차릴 수 있는 자연스러운 신체 반응을 바탕으로 설명하고 있습니다. 하여 소리가 갖는 중요성과 그에 따른 혼란과 오해들을 줄일 수 있는 책이길 바랍니다. 더불어 이 훈련을 통해 '조금 더'의 중요성을 체험하길 바랍니다. 이미 알고 있고 하고 있는 내용일지라도 조금 더 (어디에) 힘을 빼고 그로 인해 조금 더 (어디로, 자연스럽게) 힘이 따라오는지를 말이죠. 처음의 작은 차이가 나중에 큰 차이를 만든다는 '호리천리'라는 말 기억하시죠. 우리 목소리 역시 생각의 작은 차이가 시간이 지날수록 목소리의 건강과 음악적 표현의 한계를 크게 달라지게 한다는 것. 이 점을 이 책을 통해 체험하길 바랍니다.

사람들은 '원인' 대신 '결과'를 바로잡는 데 끊임없는 노력을 소모합니다. 예를 들어 우울증이 있는 환자에게 항우울제 약을 주는 것을 결과를 바로잡으려는 '치료'라고 한다면, 우울증을 일으키는 원인을 파악하고 이를 제거하여 증상이 완전히 회복되도록 하는 것을 '치유'라고 할 수 있습니다.

지금까지 훈련해 왔던 마음챙김 발성은, 발성의 다양한 문제들을 표면적인 부분만 치료하는 것이 아니라 마음에서 비롯된 우리 목소리의 기틀과 뿌리를 본질적인 부분에서부터 치유하고 개선하는 것에 그 목적이 있었습니다. 이러한 치유의 소리는 몸과 마음이 조화롭고 균형 잡힌 상태에서 나오게 됩니다. 이를 위해서는 명료한 앎과 안정된 주의력이 항상 함께해야 하는데, 마음챙김 훈련을 통해 보다 쉽게 이루어질 수 있는 것이죠.

그래서 이 책에 담긴 발성 훈련을 큰 분류로 나누어 보자면, 기본적으로 마음챙김 태도를 기반으로 '말하는 목소리 개선(기본 과정)'과 '노래하는 발성 개선(심화 과정)' 훈련으로 나뉘어 있습니다. 이 둘의 훈련 내용은 본래의 '온전함'을 통해 발성을 개선한다는 공통분모를 가지고 있습니다. 자연스러움에 기반을 둔 온전함이란 우리 목의 '이완과 안정(모음 순화, 두성밸런스)'을 바탕으로 하고 있습니다. 역설적이지만, 이 자연스러움을 유지하기 위해서는 결코 자연스럽지 않은 힘든 훈련 과정들을 겪어야만 합니다. 그러니 여러분이 정말 열심히 연습하기로 마음먹었다면 되도록 많은 실패를 하시기 바랍니다. 그것은 곧 많은 연습을 했다는 것을 의미하겠죠. 괴로움과 좌절감이 매 순간 찾아와도 절대로 포기하지 마십시오. 왜 실패했는지를 끝까지 찾다 보면 분명 새로운 것을 찾게 될 때가 올 겁니다. 그렇게 몸으로 익힌 깨달음은 분명 여러분의 것입니다.

중국의 구양수가 글을 잘 짓는 방법으로 "다문, 다독, 다상량(多聞 多讀 多商量: 많이 듣고, 많이 읽으며, 많이 생각한다)"이라고 말하였죠. 저는 이 멋진 표현을 소리 연습에 맞게 이렇게 바꿔 봤습니다. "다청, 다창, 다상량(多聽 多唱 多商量: 많이 듣고 많이 소리 내며 많이 생각하는 것)" 이렇듯 올바른 발성을 찾는 근본은 자발적인 관심과 끊임없는 훈련으로 성취할 수 있다고 생각합니다.

발성이라고 하는 예술 이전의 기능적인 준비가 자연스러움을 뿌리로 하여 자신만의 열매를 맺게 되었을 때, 흥미롭게도 음악적 예술적인 부분들이 자발적으로 발현되어 스스로 많은 것들을 이뤄내는 것을 보아왔습니다. 더욱 놀라운 것은 이렇듯 내 안에 있는 것들을 발견하고 깨닫게 되면서 말하기와 노래하기에 필요한 감정과 사고(분석)의 통합에 점진적으로 다다를 수 있게 된다는 것이죠. 또한 우리는 우리 자신으로부터 점차 많은 부분을 보상받고 치유받게 됩니다. 어찌 보면 모든 진리와 답은 우리 안에 있고 그 해답은 우리가 이미 알고 있는 것인지도 모릅니다. 만약 다른 곳에서 그 해답을 찾고자 한다면, 매번 속거나 점점 더 해답에서 멀어질지도 모릅니다.

제가 오랜 시간 발성을 교정 지도하며 가장 중요하게 깨달았던 내용이 있다면 바로 순화와 치우침 없는 균형일 겁니다. 여러분도 이제는 이 순화의 중요성을 알게 되셨으리라 생각합니다. 혹시 눈치채셨나요? 앞서 설명한 온전한 발성을 위한 4가지 마인드셋이 순화의 본질과 맞닿아 있다는 사실을요. 조금은 철학적인 이야기로 들릴지 모르지만, 저는 이 순화라는 작지만 중요한 깨달음을 어느 순간 삶의 영역으로 가져오게 되었습니다. 살면서 원하든 원치 않든 일어나는 많은 일들 그리고 따르는 생각과 감정들. 이 모든 것들에 대해 순화하듯 매일 조금씩 덜어내고 또 덜어내게 되었죠. 그렇게 삶 속에서 순화를 알아차리고 실천하는 저의 작은 결심들이 결국 목소리처럼 제 자신을 건강함과 온전함으로 이끌어 준다는 걸 깨닫게 되었습니다. 이 책을 끝까지 함께한 여러분들도 비움으로 채워지는 소리처럼, 삶의 영역으로 순화를 적극 활용하여 덜어냄으로 더욱 더 풍요로워지시길 소망하고 응원합니다.

마지막으로 최근에 어떤 강의에서 알게 된 흥미로운 단어를 소개하고 이 글을 마칠까 합니다. 여러분들은 'Respect'라는 단어의 의미를 아시나요? 네. 맞습니다. '존중', '존경하다'라는 뜻을 가지고 있습니다. 한데 'spect'라는 단어의 의미가 '보다'라는 의미를 가지고 있어서 결국 Re + spect는 '다시 보고 또 보다'라는 의미를 내포하고 있다고 합니다. 아시나요? 우리들의 의식 체계와 생각의 대부분은 외부로 향해 있습니다. 그러니 자신을 되돌아보며 내가 누구이고 무엇을 가지고 태어났는지에 대해서는 크게 관심을 갖지 못하고 있는 것 같습니다. 문제는 이러한 의식 체계가 결국 우리의 몸과 마음을 끊임없이 고갈시키게 되죠. 저 역시 그런 힘든 시간들을 보내왔었습니다. 이제 여러분의 몸과 마음 그리고 단 하나뿐인 소중한 목소리를 위해 밖으로부터 구하는 것을 멈추고, 자신이 이미 가지고 있는 것을 깨닫기 위해 내면을 향하여 따뜻한 시선과 마음으로 'Respect' 해 보는 건 어떨까요?

이완과 안정, 이를 유지하는 주의력과 마음챙김 훈련으로 그동안 우리가 놓치고 있었던 지금 이 순간의 행복과 앞으로 만나게 될 온전함 속의 행복들이 내 목소리와 내 삶 속에서 자연스럽게 드러나길 소망해 봅니다. 이 책을 보는 많은 분들이 자신 안에서 행복을 찾고 더 건강해지기를 바라는 마음이 제가 발성법과 마음챙김을 하나로 연결하여 지도하는 이유이기도 합니다. 세상에 단 하나뿐인 꽃 한 송이가 활짝 피어나길 응원하겠습니다! 그럼 여기까지 제가 지도해드릴 수 있는 발성에 대한 모든 강의를 마치겠습니다. 발성에 관한 어려움을 극복하는 데 작은 도움이 되길 바라며, 마지막 페이지까지 함께해 주셔서 진심으로 감사드립니다.

스승에게 조금 배우고
동료에게 많이 배우며
제자에게 가장 많이 배운다.
오히려 저를 더 많이 가르쳐준, 저와 만난 모든 제자분들에게 이 책을 바칩니다.

"유일한 나다운 목소리가

최상의 아름다운 소리임을 깨닫길 바라며"

마지막으로 한 성인^{聖人}의 말씀을 소개합니다.

어떤 성인께서 북인도의 조그만 도시를 방문했을 때 그곳 사람들이 그 성인에게 물었다. "수많은 수행자들 가운데 누가 진리를 말하고 누가 거짓을 말합니까? 미심쩍고 의심스럽습니다." 성인께서 말씀하셨습니다. "소문을 들었다고 해서 그 말을 따르지 마십시오. 대대로 전승되어 왔다고 해서, 많은 사람들이 믿는다고 해서, 경전에 쓰여 있다고 해서 그 말을 따르지 마십시오. 스스로 깨닫고 알게 되면, 그때 그것을 받아들이십시오."

"가장 중요한 것은 실천이지 이론이 아닙니다."

Practice Makes Perfect!

— 2022년 1월, 이윤석

QR코드가 훼손되었을 때에는, 홈페이지를 방문해 주시면 영상 링크가 안내돼 있습니다.
홈페이지: www.바디사운드.kr

Thank to.

　사랑하는 부모님! 저를 이쁘게 잘 낳아주셔서 무슨 일을 하건 덕을 보는 기분입니다. 감사드려요♡ 그리고 저를 더 저답게 만들어주는 평생의 반쪽 후영이… 백년해로하세! 너희들의 아빠인 게 자랑스럽고 행복하단다. 이정민, 이정재 사랑해~ 그리고 이 책이 세상에 나올 수 있도록 숨을 불어넣어주시고 저를 온전하게 바로잡아주신 김완두 소장님. 그리고 이 책의 시작과 완성의 기틀을 잡아주신 김병전 대표님. 시범에 도움을 준 서문진 강사, 뮤지컬 배우 이정휘 님, 감사의 추천글을 써주신 많은 가수, 뮤지컬 배우님들 감사드립니다.

— 2022년 1월, 이윤석